中国租赁
蓝皮书

BLUE BOOK
OF
CHINA'S
LEASE

CHINA FINANCIAL

LEASING INDUSTRY DEVELOPMENT

REPORT FOR 2017

中国租赁联盟　联合租赁研发中心　天津滨海融资租赁研究院　编

2017年
中国融资租赁业
发展报告

南开大学出版社

图书在版编目(CIP)数据

2017 年中国融资租赁业发展报告 / 中国租赁联盟,
联合租赁研发中心,天津滨海融资租赁研究院编. —天
津:南开大学出版社,2018.6
ISBN 978-7-310-05623-1

Ⅰ.①2… Ⅱ.①中… ②联… ③天… Ⅲ.①融资租
赁-研究报告-中国-2017 Ⅳ.①F832.49

中国版本图书馆 CIP 数据核字(2018)第 141524 号

南开大学出版社出版发行
出版人:刘运峰
地址:天津市南开区卫津路 94 号　　邮政编码:300071
营销部电话:(022)23508339　23500755
营销部传真:(022)23508542　　邮购部电话:(022)23502200
*
唐山鼎瑞印刷有限公司印刷
全国各地新华书店经销
*
2018 年 6 月第 1 版　　2018 年 6 月第 1 次印刷
260×185 毫米　16 开本　13.5 印张　2 插页　190 千字
定价:88.00 元

如遇图书印装质量问题,请与本社营销部联系调换,电话:(022)23507125

《2017 年中国融资租赁业发展报告》编委会

前　言

从 2007 年始，中国租赁联盟即组成中国租赁蓝皮书编委会，开始编纂中国租赁蓝皮书——《中国融资租赁业发展报告》，到《2017 年中国融资租赁业发展报告》发布，已经完成年度蓝皮书 11 部。根据行业发展的实际需要和有关管理部门及许多企业的建议，中国租赁蓝皮书编委会决定，从 2013 年起，每季度发布一次中国融资租赁业发展报告。

《2017 年中国融资租赁业发展报告》是对 2017 年中国融资租赁业总体发展情况的综合分析，供有关管理部门、租赁企业和国内外关心、研究、推动中国租赁业发展的各方面人士参考。

《2017 年中国融资租赁业发展报告》的编写，是在商务部流通业发展司和天津市商务委员会的指导、帮助下完成的，在此致以诚挚谢意。

我们衷心期望通过对租赁蓝皮书的编写和发布，能使更多的人了解和关心这个行业，也期望蓝皮书的编写工作能得到广大读者更多的帮助和指导。

编委会

2018 年 4 月

目 录

Contents

综述

2017 年，中国融资租赁业继续逆势上扬，呈继续发展态势。

进入 2017 年以来，由于"易租宝"事件的负面影响逐渐消除，一些停止对外资租赁企业审批的地区开始恢复审批工作，使得行业继续保持一定的发展速度。虽然企业空置率较高，一些企业出现经营风险，但总体运行良好，没有出现行业性和区域性风险。在天津、上海、北京、广州、西安等城市和地区，融资租赁业逐渐成为推动当地经济增长的新引擎。

2017 年，融资租赁业积极发挥融资与融物相结合的特色功能，通过直接租赁推动企业加快设备的改造升级，通过售后回租帮助企业盘活存量资产，通过经营性租赁降低企业资产负债率，助推相关产业转型发展。其行业服务范围不但覆盖电力、制造、交通运输、采矿、水利等国民经济主要传统行业，更涉及高端装备制造、节能环保、新能源、海洋开发、军民融合等战略性新兴产业。其租赁物不但包括飞机、船舶、钻井平台、轨道交通、生产线等大型设备、厂房，还包括汽车、房屋、工程机械、计算机、农机、共享单车等中小型设备。2017 年，许多租赁企业紧抓发展机遇，积极提升专业化经营能力，持续加强风险管理，行业实力不断增强，整体经营情况良好，在服务实体经济过程中实现了稳健发展。

2017 年，根据财政部、国家税务总局《关于全面推开营业税改征增值税试点的通知》，商务部、国家税务总局《关于天津等 4 个自由贸易试验区内资租赁企业从事融资租赁业务有关问题的通知》，各省、直辖市、自治区地方政府积极响应国务院办公厅《关于加快融资租赁业发展的指导意见》（国办发〔2015〕68 号）、《关于促进金融租赁行业健康发展的指导意见》（国办发〔2015〕69 号），纷纷出台支持当地融资租赁业发展的政策和措施，企业数量、行业实力、业务总量依然保持一定幅度的增长。但由于行业管理体制发生重大变化，国家和地方有关具体政策尚未出台，企业融资难度加大，加之发展基数增大，行业发展速度明显减缓。

2017 年，全国融资租赁企业呈现稳步发展态势，企业数量、注册资金和业务总量都在稳步增长。

企业数量

据中国租赁联盟、联合租赁研发中心和天津滨海融资租赁研究院统计,截至 2017 年底,全国融资租赁企业[不含单一项目公司(SPV)、分公司和收购海外的公司] 总数约为 9676 家,较上年底的 7136 家增加了 2540 家,同比增长 35.6%。其中:

金融租赁。银监会审批步伐较往年有所放缓,截至年底,已经获批开业的企业达到 69 家,较上年底的 59 家增加了 10 家,同比增长 16.9%。

内资租赁。从 2016 年 4 月份开始,商务部和国税总局将从事融资租赁业务试点企业的确认工作下放到自贸区所在省市商务主管部门和国税局,天津、上海、广东等地抓紧工作,使全国内资租赁试点企业总数达到 280 家,较上年底的 204 家增加了 76 家,同比增长 37.3%。

外资租赁。2017 年,企业增长速度强劲,截至 2017 年底,全国共有 9327 家,较上年底的 6873 家增加了 2454 家,同比增长 35.7%。

2017 年全国融资租赁企业发展概况

企业类别	2017 年底企业数(家)	2016 年底企业数(家)	增加(家)	同比增长(%)
金融租赁	69	59	10	16.90
内资租赁	280	204	76	37.30
外资租赁	9327	6873	2454	35.70
总计	9676	7136	2540	35.60

资料来源:中国租赁联盟、联合租赁研发中心、天津滨海融资租赁研究院。

2006—2017 年全国融资租赁企业数量

据中国租赁联盟、联合租赁研发中心和天津滨海融资租赁研究院统计，2006 年，全国融资租赁企业只有 80 家，2017 年则达到 9676 家，是 2006 年的 121 倍。

2006—2017 年全国融资租赁企业数量

年份	各类企业合计（家）	金融租赁（家）	内资租赁（家）	外资租赁（家）
2006	80	6	20	54
2007	109	11	25	73
2008	142	12	36	94
2009	170	12	44	114
2010	233	17	44	172
2011	369	20	66	283
2012	643	20	79	544
2013	1106	23	123	960
2014	2202	30	152	2020
2015	4508	47	190	4271
2016	7136	59	204	6873
2017	9676	69	280	9327

资料来源：中国租赁联盟、联合租赁研发中心、天津滨海融资租赁研究院。

注册资金

截至 2017 年底，行业注册资金美元统一以 1∶6.9 的平均汇率折合成人民币计算，约合 32331 亿元，较上年底的 25569 亿元增加 6762 亿元，同比增长 26.4%。其中：

金融租赁。1974 亿元，较上年底的 1686 亿元增加了 288 亿元，同比增长 17.1%。

内资租赁。2057 亿元，较上年底的 1420 亿元增加了 637 亿元，同比增长 44.9%。

外资租赁。约 28300 亿元，较上年底的 22463 亿元增加了 5837 亿元，同比增长 26%。

2017 年全国融资租赁企业注册资金

企业类别	2017 年底（亿元）	2016 年底（亿元）	增加（亿元）	同比增长（%）
金融租赁	1974	1686	288	17.10
内资租赁	2057	1420	637	44.90
外资租赁	28300	22463	5837	26.00
总计	32331	25569	6762	26.40

资料来源：中国租赁联盟、联合租赁研发中心、天津滨海融资租赁研究院。

注：1. 外资租赁企业注册资金按美元兑人民币 1:6.9 的平均汇率折算为人民币。

2. 外资租赁企业注册资金含部分认缴数，存有水分。

2006—2017 年全国融资租赁企业注册资金

据中国租赁联盟、联合租赁研发中心和天津滨海融资租赁研究院统计，2006 年，全国融资租赁企业注册资金只有 571 亿元，2017 年则达到 32331 亿元，是 2006 年底的 56.6 倍。

2006—2017 年全国融资租赁企业注册资金

年份	全国合计（亿元）	金融租赁（亿元）	内资租赁（亿元）	外资租赁（亿元）
2006	571	184	150	237

年份	全国合计 （亿元）	金融租赁 （亿元）	内资租赁 （亿元）	外资租赁 （亿元）
2007	1003	510	184	309
2008	1187	534	278	375
2009	1309	534	346	429
2010	1618	707	346	565
2011	1955	776	444	735
2012	2576	776	483	1317
2013	3060	769	551	1740
2014	6611	972	839	4800
2015	15165	1358	1027	12780
2016	25569	1686	1420	22463
2017	32331	1974	2057	28300

资料来源：中国租赁联盟、联合租赁研发中心、天津滨海融资租赁研究院。

注：1. 外资租赁企业注册资金按美元兑人民币 1:6.9 的平均汇率折算为人民币。

　　2. 外资租赁企业注册资金含部分认缴数，存有水分。

业务总量

据中国租赁联盟、联合租赁研发中心、天津滨海融资租赁研究院测算，截至 2017 年底，全国融资租赁业务总量约为 60800 亿元，较 2016 年底的 53300 亿元增加 7500 亿元，同比增长 14.1%。其中：

金融租赁。约 22800 亿元，较 2016 年底的 20400 亿元增加 2400 亿元，同比增长 11.8%。

内资租赁。约 18800 亿元，较 2016 年底的 16200 亿元增加 2600 亿元，同比增长 16%。

外资租赁。约 19200 亿元，较 2016 年底的 16700 亿元增加 2500 亿元，同比增长 15%。

2017 年全国融资租赁业务发展概况

企业类别	2017 年底（亿元）	2016 年底（亿元）	增加（亿元）	同比增长（%）
金融租赁	22800	20400	2400	11.80
内资租赁	18800	16200	2600	16.00
外资租赁	19200	16700	2500	15.00
总计	60800	53300	7500	14.10

资料来源：中国租赁联盟、联合租赁研发中心、天津滨海融资租赁研究院。

2006—2017 年全国融资租赁业务总量

据中国租赁联盟、联合租赁研发中心和天津滨海融资租赁研究院测算，在 2006—2010 年的"十一五"期间，中国融资租赁业为再度复兴的初期，业务总量一直按几何级数增长。2010 年之后，由于总量基数增大，融资租赁业进入算数级数增长时期，依然保持每年两位数的增长速度。总体测算，全国融资租赁业务总量由 2006 年底的 80 亿元增至 2017 年底的 60800 亿元，仅 12 年的时间，增长了 759 倍。

2006—2017 年全国融资租赁业务总量

年份	全国业务总量（亿元）	金融租赁（亿元）	内资租赁（亿元）	外资租赁（亿元）
2006	80	10	60	10
2007	240	90	100	50

年份	全国业务总量 （亿元）	金融租赁 （亿元）	内资租赁 （亿元）	外资租赁 （亿元）
2008	1550	420	630	500
2009	3700	1700	1300	700
2010	7000	3500	2200	1300
2011	9300	3900	3200	2200
2012	15500	6600	5400	3500
2013	21000	8600	6900	5500
2014	32000	13000	10000	9000
2015	44400	17300	13000	14100
2016	53300	20400	16200	16700
2017	60800	22800	18800	19200

资料来源：中国租赁联盟、联合租赁研发中心、天津滨海融资租赁研究院。

行业占比

根据以上统计和测算，截至 2017 年 12 月底，金融租赁、内资租赁和外资租赁三个企业板块的行业占比分别是：

企业数量，外资租赁企业数量最多，占到整个行业企业总数的96.4%，金融租赁和内资租赁分别占 0.7%和 2.9%。

注册资金，也是外资租赁最多，占到整个行业注册资金总数的87.5%，金融租赁和内资租赁分别占 6.1%和 6.4%。

业务总量，金融租赁业务量最大，占到全行业业务总量的 37.5%，内资租赁和外资租赁则分别占 30.9%和 31.6%。

2017 年金融租赁、内资租赁、外资租赁行业占比

企业类别	2017 年企业数量（家）	企业数量占比（%）	2017 年注册资金（亿元）	注册资金占比（%）	2017 年业务总量（亿元）	业务总量占比（%）
金融租赁	69	0.70	1974	6.10	22800	37.50
内资租赁	280	2.90	2057	6.40	18800	30.90
外资租赁	9327	96.40	28300	87.50	19200	31.60
总计	9676	100.00	32331	100.00	60800	100.00

资料来源：中国租赁联盟、联合租赁研发中心、天津滨海融资租赁研究院。

全国融资租赁企业地区分布

截至 2017 年底，全国 31 个省、直辖市、自治区都设立了融资租赁公司，但绝大部分企业仍分布在东部和沿海一带。其中广东、上海、天津、辽宁、福建、浙江、山东、江苏 8 个省市的企业总数占到了全国的 92%。

全国融资租赁企业地区分布

（截至 2017 年 12 月 31 日）

地区	金融租赁企业（家）	内资租赁企业（家）	外资租赁企业（家）	总数（家）	占全国比重（%）
广东省	6	18	3226	3250	33.59
上海市	10	20	2121	2151	22.23
天津市	11	79	1484	1574	16.27
辽宁省	1	11	555	567	5.86
福建省	2	10	359	371	3.83
浙江省	4	22	335	361	3.73

地区	金融租赁企业（家）	内资租赁企业（家）	外资租赁企业（家）	总数（家）	占全国比重（%）
山东省	3	19	295	317	3.28
江苏省	5	15	259	279	2.88
北京市	3	27	205	235	2.43
陕西省	0	5	158	163	1.68
重庆市	3	5	73	81	0.84
安徽省	2	9	44	55	0.57
四川省	1	9	36	46	0.48
湖北省	3	8	27	38	0.39
河北省	2	5	16	23	0.24
河南省	2	2	19	23	0.24
新疆维吾尔自治区	1	5	17	23	0.24
云南省	1	1	18	20	0.21
江西省	1	3	14	18	0.19
湖南省	0	0	14	14	0.14
广西壮族自治区	1	0	13	14	0.14
黑龙江省	1	1	9	11	0.11
贵州省	1	1	5	7	0.07
青海省	0	1	5	6	0.06
西藏自治区	1	0	4	5	0.05
山西省	1	0	4	5	0.05

续表

地区	金融租赁企业（家）	内资租赁企业（家）	外资租赁企业（家）	总数（家）	占全国比重（%）
内蒙古自治区	0	1	4	5	0.05
宁夏回族自治区	0	1	3	4	0.04
甘肃省	2	0	2	4	0.04
海南省	0	1	2	3	0.03
吉林省	1	1	1	3	0.03
总计	69	280	9327	9676	100.00

资料来源：中国租赁联盟、联合租赁研发中心、天津滨海融资租赁研究院。

全国融资租赁企业 50 强

截至 2017 年底，在以注册资金为序的全国融资租赁企业 50 强排行榜中，有 84 家企业入围。其中，天津渤海租赁有限公司以 221.01 亿元位居榜首。

全国融资租赁企业 50 强排行榜（以注册资金为序）
（截至 2017 年 12 月 31 日）

排名	企业名称	注册时间	注册地	注册资金（亿元）
1	天津渤海租赁有限公司	2008	天津	221.01
2	中金国际融资租赁（天津）有限公司	2016	天津	150.82
3	浦航租赁有限公司	2009	上海	126.83

排名	企业名称	注册时间	注册地	注册资金（亿元）
4	国银金融租赁股份有限公司	1984	深圳	126.42
5	远东国际租赁有限公司	1991	上海	125.35
6	工银金融租赁有限公司	2007	天津	110.00
7	长江租赁有限公司	2004	天津	107.90
8	郎丰国际融资租赁（中国）有限公司	2016	珠海	103.50
9	平安国际融资租赁有限公司	2012	上海	93.00
10	兴业金融租赁有限责任公司	2010	天津	90.00
11	交银金融租赁有限责任公司	2007	上海	85.00
12	建信金融租赁有限公司	2007	北京	80.00
13	昆仑金融租赁有限责任公司	2010	重庆	79.61
14	山东晨鸣融资租赁有限公司	2014	济南	77.00
15	中航国际租赁有限公司	1993	上海	74.66
16	中垠融资租赁有限公司	2014	上海	70.6
17	上海金昊阳融资租赁有限公司	2015	上海	69.00
17	国信融资租赁（深圳）有限公司	2016	深圳	69.00
17	中源融资租赁（深圳）有限公司	2016	深圳	69.00
17	中安航天博宇融资租赁有限公司	2016	深圳	69.00
17	慧海国际融资租赁（中国）有限公司	2016	珠海	69.00
17	荣达国际融资租赁（中国）有限公司	2016	珠海	69.00
17	广业国际融资租赁（深圳）有限公司	2016	深圳	69.00
18	平安国际融资租赁（天津）有限公司	2015	天津	65.19
19	中民国际融资租赁股份有限公司	2015	天津	62.35

排名	企业名称	注册时间	注册地	注册资金（亿元）
20	华夏金融租赁有限公司	2013	昆明	60.00
20	招银金融租赁有限公司	2007	上海	60.00
21	华融金融租赁股份有限公司	2001	杭州	59.27
22	芯鑫融资租赁有限责任公司	2015	上海	56.80
22	光大金融租赁股份有限公司	2010	武汉	56.80
23	中飞租融资租赁有限公司	2010	天津	55.20
24	远东宏信（天津）融资租赁有限公司	2013	天津	55.06
25	中国外贸金融租赁有限公司	1986	北京	51.66
26	民生金融租赁股份有限公司	2007	天津	50.95
27	华能汇金融资租赁（天津）有限公司	2016	天津	50.00
27	中交建融租赁有限公司	2014	上海	50.00
27	齐利（厦门）融资租赁有限公司	2016	厦门	50.00
27	青岛晨鸣弄海融资租赁有限公司	2016	青岛	50.00
27	太平石化金融租赁有限责任公司	2014	上海	50.00
28	锦银金融租赁有限责任公司	2015	沈阳	49.00
29	皖江金融租赁股份有限公司	2011	芜湖	46.00
30	中电投融和融资租赁有限公司	2014	上海	43.47
31	中国环球租赁有限公司	1984	北京	42.70
32	深银世纪融资租赁（深圳）有限公司	2015	深圳	41.40
33	安徽钰诚融资租赁有限公司	2012	蚌埠	41.26
34	长城国兴金融租赁有限公司	2008	乌鲁木齐	40.00
34	中信金融租赁有限公司	2015	天津	40.00

排名	企业名称	注册时间	注册地	注册资金（亿元）
34	丰汇租赁有限公司	2009	北京	40.00
35	上海易鑫融资租赁有限公司	2014	上海	38.64
36	海通恒信国际租赁有限公司	2004	上海	36.09
37	国信租赁有限公司	2015	济南	36.00
38	信达金融租赁有限公司	1996	兰州	35.05
39	天津恒通嘉合融资租赁有限公司	2015	天津	34.50
39	财邦（中国）融资租赁有限公司	2017	天津	34.50
39	檀实融资租赁（上海）有限公司	2014	上海	34.50
39	江苏绿能宝融资租赁有限公司	2014	苏州	34.50
39	华美（中国）融资租赁股份有限公司	2015	天津	34.50
39	晟华（上海）融资租赁有限公司	2015	上海	34.50
39	千佰亿融资租赁（深圳）有限公司	2016	深圳	34.50
39	华宇融资租赁（深圳）有限公司	2016	深圳	34.50
40	国电融资租赁有限公司	2014	天津	33.86
41	宏泰国际融资租赁（天津）有限公司	2013	天津	33.74
42	上海一嗨汽车租赁有限公司	2008	上海	32.29
43	蔷薇春晓融资租赁有限公司	2015	天津	31.18
44	北银金融租赁有限公司	2014	北京	31.00
45	招商局通商融资租赁有限公司	2016	天津	30.56
46	华能天成融资租赁有限公司	2014	天津	30.47
47	上海祥达融资租赁有限公司	2014	上海	30.00
47	中交融资租赁（广州）有限公司	2016	广州	30.00

排名	企业名称	注册时间	注册地	注册资金（亿元）
47	浙江浙银金融租赁股份有限公司	2017	舟山	30.00
47	重庆鈊渝金融租赁股份有限公司	2017	重庆	30.00
47	航天科工金融租赁有限公司	2017	武汉	30.00
47	河北省金融租赁有限公司	1995	石家庄	30.00
47	农银金融租赁有限公司	2010	上海	30.00
47	邦银金融租赁股份有限公司	2013	天津	30.00
47	湖北金融租赁股份有限公司	2015	武汉	30.00
47	西藏金融租赁有限公司	2015	拉萨	30.00
47	德海租赁(天津)有限公司	2017	天津	30.00
47	中民投健康产业融资租赁有限公司	2017	天津	30.00
47	上海电气租赁有限公司	2006	上海	30.00
47	国泰租赁有限公司	2007	济南	30.00
48	浦银金融租赁股份有限公司	2011	上海	29.50
49	庞大乐业租赁有限公司	2009	唐山	29.17
50	中海油国际融资租赁有限公司	2014	天津	29.13

资料来源：中国租赁联盟、联合租赁研发中心、天津滨海融资租赁研究院。

注：1. 外资租赁企业注册资金按美元兑人民币 1:6.9 的平均汇率折算为人民币。

2. 名录上的企业系指截至 2017 年底登记在册并处运营中的企业；

3. 注册时间指企业获得批准设立或正式开业的时间；

4. 注册地指企业本部注册地址。

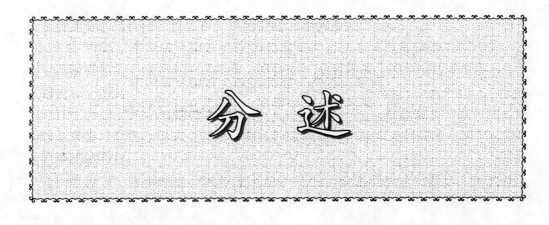

分 述

金融租赁

2017 年，银监会先后批准航天科工金融租赁有限公司、青银金融租赁有限公司、前海兴邦金融租赁有限公司、天津国泰金融租赁有限公司、吉林九银金融租赁有限公司、中煤科工金融租赁有限责任公司、厦门金融租赁有限责任公司、浙银金融租赁有限公司等金融租赁公司开业，由中国银监会审批和监管的境内金融租赁企业达到 69 家（不含已经获批但未正式开业的公司，不含分公司、SPV 子公司），企业总数占全国融资租赁企业总数 9676 家的 0.7%。

69 家金融租赁企业注册资金为 1974 亿元，比上年底的 1686 亿元增加 288 亿元，同比增长 17.1%，注册资金约占全国的 6.1%。

截至 2017 年底，69 家金融租赁企业业务总量 22800 亿元，比上年底的 20400 亿元增加 2400 亿元，同比增长 11.8%，业务总量约占全国业务总量的 37.5%。

2017 年金融租赁企业发展概况

项目类别	2017 年底	2016 年底	比上年底增加	同比增长（%）	占行业比重（%）
企业数（家）	69	59	10	16.90	0.70
注册资金（亿元）	1974	1686	288	17.10	6.10
业务总量（亿元）	22800	20400	2400	11.80	37.50

资料来源：中国租赁联盟、联合租赁研发中心、天津滨海融资租赁研究院。

另据中国银监会统计，截至 2017 年第三季度末，中国银监会监管的金融租赁企业各项业务平稳增长，69 家已开业企业实收资本达到 1545.97 亿元，总资产达到 1.94 万亿元；实现营业收入 938.66 亿元，实现净利润 182.26 亿元；不良租赁资产率继续保持较低水平，仅为 0.93%；租赁资产质量稳定，拨备覆盖率 251.23%。

据中国租赁联盟、联合租赁研发中心和天津滨海融资租赁研究院统计，截至 2017 年底，在以注册资金为序的金融租赁企业 10 强排行榜中，共有 11 家企业上榜，分布在全国 8 个省、直辖市、自治区，其中天津 2 家，上海 2 家，北京 2 家，广东、浙江、重庆、云南、湖北各 1 家。国银金融租赁股份有限公司以 126.42 亿元的注册资金位居榜首。

2017 年金融租赁企业 10 强排行榜（以注册资金为序）

（截至 2017 年 12 月 31 日）

排名	企业名称	注册时间	注册地	注册资金（亿元）
1	国银金融租赁股份有限公司	1984	深圳	126.42
2	工银金融租赁有限公司	2007	天津	110.00
3	兴业金融租赁有限责任公司	2010	天津	90.00
4	交银金融租赁有限责任公司	2007	上海	85.00
5	建信金融租赁有限公司	2007	北京	80.00
6	昆仑金融租赁有限责任公司	2010	重庆	79.61
7	华夏金融租赁有限公司	2013	昆明	60.00
7	招银金融租赁有限公司	2007	上海	60.00
8	华融金融租赁股份有限公司	2001	杭州	59.27
9	光大金融租赁股份有限公司	2010	武汉	56.80
10	中国外贸金融租赁有限公司	1986	北京	51.66

资料来源：中国租赁联盟、联合租赁研发中心、天津滨海融资租赁研究院。

注：1. 名录上的企业系截至 2017 年底登记在册并处运营中的企业；

2. 注册资金指截至 2017 年底的本金；

3. 注册资金单位为亿元人民币；

4. 注册时间指企业获得批准设立或正式开业的时间；

5. 注册地指企业本部的注册地址；

6. 不含子公司和海外收购的公司。

　　全国金融租赁企业最多的是天津，共 11 家；其次是上海，共 10 家；广东、江苏、浙江、山东、北京、重庆、湖北都在 3 家或 3 家以上。

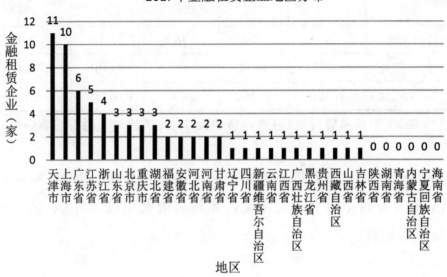

2017年金融租赁企业地区分布

　　资料来源：中国租赁联盟、联合租赁研发中心、天津滨海融资租赁研究院。

内资租赁

　　2016 年 4 月，内资租赁企业业务试点的审批权开始下放到自贸区所在省市商务主管部门和国税部门。截至 2017 年 12 月底，天津新审批确认 12 家内资租赁试点企业，广东、上海、西安、沈阳等地也审批确认一些内资租赁试点企业，使全国内资租赁试点企业达到 280 家，比上年底的 204 家增加了 76 家，企业总数约占全国的 2.9%。

　　从注册资金来看，截至 2017 年底，内资租赁企业注册资金达到 2057 亿元，比上年底的 1420 亿元增加了 637 亿元，同比增长 44.9%，占全国注册资金总数的 6.4%。

　　截至 2017 年底，内资租赁企业业务总量 18800 亿元，比上年底的 16200 亿元增加 2600 亿元，增长 16%，业务总量占全国融资租赁企业业务总量的 30.9%。

2017 年内资租赁企业发展概况

项目类别	2017 年底	2016 年底	比上年底增加	同比增长（%）	占行业比重（%）
企业数（家）	280	204	76	37.30	2.90
注册资金（亿元）	2057	1420	637	44.90	6.40
业务总量（亿元）	18800	16200	2600	16.00	30.90

资料来源：中国租赁联盟、联合租赁研发中心、天津滨海融资租赁研究院。

截至 2017 年底，在以注册资金为序的内资租赁企业 10 强排行榜中，13 家企业榜上有名，天津渤海租赁有限公司以 221.01 亿元的注册资金位居榜首。

2017 年内资租赁企业 10 强排行榜（以注册资金为序）
（截至 2017 年 12 月 31 日）

排名	企业	注册时间	注册地	注册资金（亿元）
1	天津渤海租赁有限公司	2008	天津	221.01
2	浦航租赁有限公司	2009	上海	126.83
3	长江租赁有限公司	2004	天津	107.90
4	中航国际租赁有限公司	1993	上海	74.66
5	丰汇租赁有限公司	2009	北京	40.00
6	国信租赁有限公司	2015	济南	36.00
7	德海租赁(天津)有限公司	2017	天津	30.00
7	中民投健康产业融资租赁有限公司	2017	天津	30.00
7	上海电气租赁有限公司	2006	上海	30.00

续表

排名	企业	注册时间	注册地	注册资金（亿元）
7	国泰租赁有限公司	2007	济南	30.00
8	庞大乐业租赁有限公司	2009	唐山	29.17
9	中车投资租赁有限公司	2008	北京	23.00
10	汇通信诚租赁有限公司	2012	乌鲁木齐	21.60

资料来源：中国租赁联盟、联合租赁研发中心、天津滨海融资租赁研究院。

注：1. 名录上的企业系截至 2017 年底登记在册并处运营中的企业；

　　2. 注册资金指截至 2017 年底的本金；

　　3. 注册资金单位为亿元人民币；

　　4. 注册时间指企业获得批准设立或正式开业的时间；

　　5. 注册地指企业本部的注册地址；

　　6. 不含子公司和海外收购的公司。

内资租赁企业最多的是天津，共 79 家；其次是北京，27 家；其余是浙江、上海、山东、广东、江苏、辽宁、福建，都在 10 家或 10 家以上。

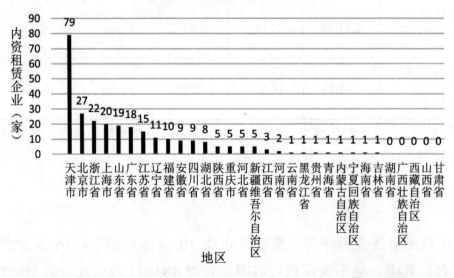

2017年内资租赁企业地区分布

资料来源：中国租赁联盟、联合租赁研发中心、天津滨海融资租赁研究院。

外资租赁

2017 年，由于政策环境进一步宽松，外资租赁企业注册实行备案制，企业数量进一步增加。截至 2017 年底，全国外资租赁企业 9327 家，较上年底增加 2454 家，同比增长 35.7%，占全国融资租赁企业总数的 96.4%。

从注册资金来看，截至 2017 年底，外资租赁企业注册资金约为 28300 亿元，较上年底增加 5837 亿元，同比增长 26%，约占全国注册资金总数的 87.5%。

截至 2017 年底，外资租赁企业业务总量 19200 亿元，比上年底的 16700 亿元增加 2500 亿元，同比增长 15%，约占全国融资租赁企业业务总量的 31.6%。

2017 年外资租赁企业发展概况

项目类别	2017 年底	2016 年底	比上年底增加	同比增长（%）	占行业比重（%）
企业数（家）	9327	6873	2454	35.70	96.40
注册资金（亿元）	28300	22463	5837	26.00	87.50
业务总量（亿元）	19200	16700	2500	15.00	31.60

资料来源：中国租赁联盟、联合租赁研发中心、天津滨海融资租赁研究院。

注：外资租赁企业注册资金按美元兑人民币 1:6.9 的平均汇率折算为人民币。

在以注册资金为序的外资租赁企业 10 强排行榜中，16 家企业榜上有名，其中，远东国际租赁有限公司以 181671 万美元位居第一位。

2017 年外资租赁企业 10 强排行榜（以注册资金为序）

（截至 2017 年 12 月 31 日）

排名	企业名称	注册时间	注册地	注册资金（万美元）
1	远东国际租赁有限公司	1991	上海	181671
2	郎丰国际融资租赁（中国）有限公司	2016	珠海	150000
3	平安国际融资租赁有限公司	2012	上海	134783
4	山东晨鸣融资租赁有限公司	2014	济南	111594
5	中垠融资租赁有限公司	2014	上海	102319
6	上海金昊阳融资租赁有限公司	2015	上海	100000
6	国信融资租赁（深圳）有限公司	2016	深圳	100000
6	中源融资租赁（深圳）有限公司	2016	深圳	100000
6	中安航天博宇融资租赁有限公司	2016	深圳	100000
6	慧海国际融资租赁（中国）有限公司	2016	珠海	100000
6	荣达国际融资租赁（中国）有限公司	2016	珠海	100000
6	广业国际融资租赁（深圳）有限公司	2016	深圳	100000
7	平安国际融资租赁（天津）有限公司	2015	天津	94474
8	中民国际融资租赁股份有限公司	2015	天津	90365
9	芯鑫融资租赁有限责任公司	2015	上海	82319
10	中飞租融资租赁有限公司	2010	天津	80000

资料来源：中国租赁联盟、联合租赁研发中心、天津滨海融资租赁研究院。

注：1. 外资租赁企业注册资金按美元兑人民币 1:6.9 的平均汇率折算为美元；

2. 名录上的企业系指截至 2017 年底登记在册并处运营中的企业；

3. 注册时间指企业获得批准设立或正式开业的时间；

4. 注册地指企业本部注册地址。

新增的 2454 家企业大多数分布在上海、广东、天津、北京、江苏、浙江等地；其中广东最多，总数达到 3226 家。

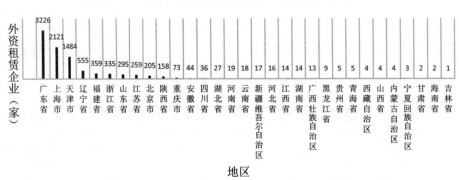

2017年外资租赁企业地区分布

资料来源：中国租赁联盟、联合租赁研发中心、天津滨海融资租赁研究院。

行业组织

2017 年，融资租赁行业组织积极配合国家和当地行业管理部门，在进行行业研究、解决企业难题、化解行业风险、培养行业人才、维护企业权益等方面积极工作，有力地推动了行业的健康发展。

中国租赁联盟

2006 年，由全国 42 家租赁行业组织和企业发起，通过天津市政府向商务部和民政部报送了关于组建中国租赁协会的申请。在此期间，发起人共同商议先组建一个跨地区、跨行业、跨所有制的非营利的联谊性组织——中国租赁联盟。该组织委托天津市租赁行业协会负责中国租赁协会的筹备和中国租赁联盟的日常工作等事宜，并设立"中国租赁联盟网"（www.zgzllm.com）作为联盟会员的交流平台。

中国租赁联盟围绕租赁业在中国的发展实际，连续 10 多年向有关政府主管部门和行业组织提供行业发展信息，为产业集聚和企业对接提供政策咨询，在高校科研院所和政府相关部门联合组织产业重大课题研究，并组织有关专业人员陆续编辑出版《中国融资租赁业年鉴》

《中国融资租赁业发展报告》，整理国家和各地区促进租赁业发展的相关政策文献，编撰行业发展各类业务创新模式案例。为解决行业内人才短缺的实际问题，自2013年开始，中国租赁联盟与南开大学、天津商业大学、福建江夏学院、西安财经学院等高校合作，陆续培养了融资租赁方向本科生、硕士研究生近600名。

中国租赁联盟每年度召开"中国租赁年会""中国融资租赁业发展论坛"，并将其发展为行业内品牌会展，在社会上产生了广泛的影响。

地址：天津市和平区滨江道30号和平金融创新服务大厦3楼

邮编：300040

电话：022-27224166

中国外商投资企业协会租赁业工作委员会

1988年，在主管部门和中国外商投资企业协会的支持下，外商投资的融资租赁企业成立了联谊会；1993年，联谊会转为协会的第一个专业委员会——租赁业委员会；2009年，根据民政部的要求，租赁业委员会正式更名为"中国外商投资企业协会租赁业工作委员会"。

作为国内第一个融资租赁行业组织，中国外商投资企业协会租赁业工作委员会集中了国内最主要的融资租赁业务的专业人才，与政府相关部门建立了最为密切的关系，在推动中国融资租赁业对内、对外进一步开放以及开展融资租赁业务理论研究、国际同行交流、业务推广宣传、租赁市场拓展、专业人员培训、行业组织建设等方面做了大量卓有成效的工作，为中国融资租赁业的健康发展做出了突出贡献，得到了会员、政府主管部门和业界的肯定与好评，有力地推动了中国融资租赁业的发展，支持了国家的经济建设。外商投资融资租赁公司不仅是中国融资租赁业的开拓者，而且目前仍然是中国融资租赁业发展的主力军。

地址：北京市东城区安定门外东后巷28号3号楼2层东208室

邮编：100710

电话：010-64516922

中国银行业协会金融租赁专业委员会

中国银行业协会金融租赁专业委员会成立于 2009 年 7 月，经中国银监会批准并在民政部门登记注册，是为加强同业合作、鼓励有序竞争，并维护金融租赁交易秩序而设立的专业、权威的全国性金融租赁组织。中国银行业协会金融租赁专业委员会为经营金融租赁业务的企业服务。银监会批准设立的金融租赁公司及其他与金融租赁相关的企事业单位在加入中国银行业协会后，可申请成为该专业委员会成员。

中国银行业协会金融租赁专业委员会的宗旨是：推广金融租赁理念，规范和促进金融租赁发展，分散和防范风险，推动金融租赁市场的健康稳定发展。中国银行业协会金融租赁专业委员会将积极充当金融租赁市场参加者和政府监管部门的联系纽带，促进金融租赁行业与国际租赁组织开展交流与合作。

地址：北京市西城区金融街 20 号航宇大厦 11—12 层

邮编：100033

电话：010-66553368　　010-66291132

浙江省租赁行业协会

浙江省租赁行业协会成立于 1995 年 3 月，是国内建立的首家省级集融资性和经营性租赁企业为一体的行业协会，2016 年 4 月被浙江省民政厅评为 4A 级社会组织。租赁行业协会团体会员主要由租赁公司和行业上下游产业的相关企业组成。协会的宗旨是：维护会员合法权益，加强会员业务交流，开展业务知识培训与政策法规咨询等。主要工作内容有：指导和组织会员及租赁从业人员遵守行业法律法规和政策，制定行业自律性规则，逐步建立起行业评价制度，进行诚信监督；制定行业行为准则、业务规范；为会员服务，维护租赁企业的合法权益和根本利益；促进和开展行业之间的交流与横向联系。

地址：浙江省杭州市庆春东路西子国际 A 座 603 室

邮编：310020

电话：0571-87298907

北京市租赁行业协会

北京市租赁行业协会于 2002 年 10 月成立。协会的宗旨是：为北京市行政区域内各类型的租赁企业、融资租赁企业提供各种有关的服务。其业务范围为：开展行业调研与协调、组织交流合作、提供信息咨询服务、组织专业培训、维护合法权益，以及收集、核对和汇总北京区域内的内资融资租赁企业和外商投资融资租赁企业报送的材料。其主要企业有：中联重科融资租赁有限公司、中国南车投资租赁有限公司、中国北车投资租赁有限公司等。

地址：北京市西城区莲花池东路丙 1 号 309 室

邮编：100045

电话：010-63463231

上海市租赁行业协会

上海市租赁行业协会成立于 1999 年 4 月，业务主管单位是上海市商务委员会与上海市经济和信息化委员会。协会的宗旨是：为会员提供服务并维护其合法权益，保障行业公平竞争，促进上海市租赁行业的健康发展。目前有会员单位 125 家，主要包括：浦航租赁有限公司、中航国际租赁有限公司等。曾独立主办"中国（上海）国际设备展示和租赁洽谈会暨租赁营销研讨会""首届中国租赁行业信息化工作研讨会"等中外高峰论坛并取得较大成绩。

地址：上海市浦东新区张杨路 707 号生命人寿大厦 2 层 228 室

邮编：200120

电话：021-58766238

天津市租赁行业协会

天津市租赁行业协会成立于 2005 年 9 月。协会的宗旨是：遵守国家宪法、法律、法规和国家政策，协助政府有关主管部门进行本行业的管理、监督、自律和协调，规范会员的经营活动并维护其合法权益，协调行业之间的各种关系，促进租赁业的健康发展。会员单位主要包括内资、外资和金融三大类融资租赁企业及律师事务所等相关行业代表。业务涉及飞机、船舶、机械装备、汽车、房屋、医疗设备等各类融资租赁以及经营租赁和服务租赁。

地址：天津市和平区滨江道 30 号和平金融创新服务大厦 3 楼

邮编：300040

电话：022-27224166

云南省租赁行业协会

云南省租赁行业协会成立于 2004 年 11 月，云南省经济委员会是其上级业务主管部门。协会的宗旨是：遵守国家宪法、法律、法规，发挥租赁企业和政府间的桥梁与纽带作用，反映和研究租赁行业经营中的新情况与新问题，为会员和政府服务，为本省租赁行业的健康发展做出贡献。业务范围为：搜集和整理本行业基础资料，维护本行业所有企业的合法权益和根本利益，协调本行业企业之间的合作关系，调解会员间的经济纠纷等。

地址：云南省昆明市五华区人民中路 216 号丰园大厦 20 层

邮编：650200

电话：0871-65321062

福建省融资租赁行业协会

福建省融资租赁行业协会于 2014 年 7 月成立，目前有团体会员 66 家。福建省融资租赁行业协会自成立始，一直致力于加强协会与有关政府部门、金融机构的沟通联系；邀请有关银行、商业保理公司等机构到协会开展座谈会，商讨融资租赁资金融入问题；支持并协助会员开展融资租赁业务；走访会员单位，开展调查研究等。福建省融资租赁行业协会为推动福建省经济的健康快速发展贡献了力量。

地址：福建省福州市鼓楼区华大街道公益路 3 号

邮编：350003

电话：0591-87830557

广东省融资租赁协会

广东省融资租赁协会于 2015 年 9 月成立，是由广州地区各类租赁企业包括各种经济成分的融资性租赁企业、经营性租赁企业、合资租赁企业，以及相关团体或个人自愿组成的非营利性的社会团体。协会的宗旨是：发挥租赁企业和政府有关部门之间的桥梁与纽带作用，反映和研究租赁业经营管理中的新情况与新问题，维护会员的合法权益，加强本省租赁企业的自律管理，促进租赁业的健康发展。

地址：广东省广州市天河区体育东路 122 号羊城国际商贸城东塔 2903 室

邮编：510665

电话：020-38836085　020-38820703

湖北省融资租赁行业协会

湖北省融资租赁行业协会成立于 2015 年 1 月，武汉中泰和融资租赁有限公司等 9 家企业获选理事单位。协会的宗旨是：协助政府、帮助企业，搭建政企沟通互信桥梁与项目、资金对接平台；在"公平、公正、公开"的原则下开展工作，保障行业公平竞争；引进先进的经营、管理理念及人才培养机制，促进湖北省融资租赁行业的健康快速发展。

地址：湖北省武汉市武昌区八一路 483 号

邮编：430070

电话：027-87680190　027-87314050

江苏省租赁行业协会

江苏省租赁行业协会成立于 2014 年 9 月。协会的宗旨是：提高江苏省融资租赁行业的整体管理水平，规范经营；建立江苏的专业人才库；加强企业自律，协助主管部门做好融资租赁信息登记、年报分析、统计、风控警示等行业监管工作；为融资租赁企业提供必要的法律援助与服务等。

地址：江苏省南京市鼓楼区汉中门大街 301 号 10 层

邮编：210036

电话：025-66770100

山东省融资租赁行业协会

山东省融资租赁行业协会成立于 2014 年 12 月。协会的宗旨是：以"推动融资租赁业发展，促进融资租赁产业链内横向合作，服务地方经济建设"为己任，认真研究行业发展新形势，积极组织学习培训和交流研讨，扎实开展好协会各项工作，努力将协会办成政府管理决策、行业企业发展、实体经济融资的参谋和助手。

地址：山东省济南市高新区舜华东路 212 号国泰租赁 2 楼

邮编：250101

电话：0531-58563665

青岛市融资租赁行业协会

青岛市融资租赁行业协会成立于 2015 年 1 月。协会的宗旨是：为行业的发展搭建一个重要公共平台，在业务创新、信息交流、人才培训、行业自律、防范风险以及扩大融资租赁的宣传推介、提高全社会知晓度等方面发挥重要作用，并在租赁业务、租赁方式和融资渠道创新等方面加强研究，顺应国际贸易中心城市、财富管理中心、金融新区建设和自贸区发展的新形势，依托特殊功能区政策和船舶制造基地的优势，组织全青岛市融资租赁企业扩大船舶、海工设备、游艇、邮轮、医疗设备等大型装备的融资租赁业务，积极参与西海岸经济新区、蓝色硅谷核心区、红岛经济新区等重点区域的重点项目，推进融资租赁业务向基础设施、交通设施等领域拓展延伸。

地址：山东省青岛市市北区郑州路 43 号

邮编：266024

电话：0532-85660803

安徽省融资租赁行业协会

安徽省融资租赁行业协会成立于 2015 年 1 月。安徽省融资租赁行业协会是由安徽省融资租赁企业和与此相关的事业、企业单位等自愿组成的非营利性、地方性社会团体组织,具有社会团体的法人资格。业务主管单位为安徽省商务厅。该协会以"汇智聚谋、融通兴业"为宗旨,以"推动融资租赁业发展,促进融资租赁产业链内横向合作,破解中小企业融资瓶颈,服务地方经济建设"为己任,注重"政、产、学、研"各界的沟通协调,坚持引导、宣传和服务原则,要真正把协会办成行业政府管理决策、行业企业发展、实体经济融资的参谋和助手。

地址:安徽省合肥市政务区祁门路 1688 号兴泰金融广场 18 层

邮编:230071

电话:0551-63542827

广州融资租赁产业联盟

广州融资租赁产业联盟成立于 2013 年 12 月。联盟成立后,通过采用企业联盟模式,跨领域、跨行业、全方位构建政府与企业、企业与企业之间的信息互动平台,积极宣传国家法律法规,推广政府优惠政策,并收集整理联盟成员单位需求,发布招投标项目、企业需求信息,促进项目对接与商务合作等,充分发挥企业联盟的桥梁和纽带作用,努力促进广州融资租赁企业不断做大做强。

地址:广东省广州市天河区珠江新城华利路 46 号

邮编:510623

电话:020-83323489

河南省租赁行业协会

河南省租赁行业协会是由河南省民政厅批准成立的非营利性、行业性的社会团体法人组织,在工作上接受河南省人民政府金融办、河南省商务厅、河南省工信委等相关政府部门的业务指导。协会以搭建政府和企业之间的桥梁为目标,贯彻落实国家关于融资租赁方面的政策法规,协调政府与企业之间、企业与企业之间、行业与企业之间的关系,调解企业间的经济纠纷,维护企业的合法权益,增强行业自律;

组织开展国际、国内业务交流与合作；组织高校、科研机构的专家、学者对租赁领域进行科学研究，制定发展规划；提高租赁行业整体管理水平和经营水平，推动河南省租赁业健康、全面发展。

河南省租赁行业协会下设租赁研究院和法律、金融、租赁、保理、财税、教育等专业委员会，以及汽车、建筑、医疗等行业委员会和运行管理机构。协会与河南省人力资源部门联合开展"租赁经理人执业资格证"教育，与河南电视台联合开辟《河南新金融》电视专栏，与高校合作开展"在校""在职"专业人才培养项目。

地址：河南省郑州市金水区金水东路中兴路雅宝东方国际广场 4 号楼 16 层

邮编：450000

电话：0371-55030890

沈阳市融资租赁协会

沈阳市融资租赁协会为非营利性社会组织，接受沈阳市服务业委员会的业务指导，接受市财政局、国税局、外经贸局、金融办、工商局等部门的工作指导，对外以租赁协会的名义独立开展工作。协会由沈阳地区的内资和外资融资租赁公司、银行、非银行金融机构、行业协会、专业媒体、专家学者、服务机构，以及相关单位共同协商组建。协会以"引领思维、融资融物、融智融创、对接生意"为宗旨，持续为协会会员企业开展业务、分享信息、强强联合、合作共赢提供支持和帮助。协会将通过整合资源，努力成为开放性、引领性、服务性的交流合作平台，包括业务互动平台、产业对接平台、行业培训平台、信息发布平台、会议展览平台等。

地址：辽宁省沈阳市大东区滂江街 183 号

邮编：210104

电话：024-24346355

陕西省融资租赁联盟

陕西省融资租赁联盟成立于 2015 年 11 月。联盟成立当天，即与

18 家银行签署了战略合作协议，各银行计划在"十三五"期间为联盟企业提供综合授信额度 1045 亿元。该联盟作为一个跨地区、跨行业、跨所有制，由融资租赁企业、金融机构及相关企事业单位自愿联合组建的非营利性行业群众组织，将进一步为促进融资租赁业健康快速发展、服务实体经济做出贡献。

地址：陕西省西安市雁塔区电子二路锦业大厦 3 楼

邮编：710065

电话：13891430935　029-62695109

重要会展

2017 年，有关管理部门、行业组织、重点租赁企业组织了多次行业会展。这些会展对提高行业社会认知度、促进国内外信息交流、开阔从业人员视野、加强行业内外沟通与合作，都发挥了积极作用。

第一届融资租赁监管与发展论坛

1 月 14 日，由清华五道口《清华金融评论》、中国民生投资集团旗下香港上市公司——中民金融联合举办的首届融资租赁监管与发展论坛暨中民金融智库白皮书发布会，在北京金融街洲际酒店成功举办。会议邀请到中国银监会原副主席、南南合作金融中心主席蔡鄂生，工银国际董事长丛林，中国融资租赁企业协会副会长兼秘书长王佳林发表主旨演讲。

中民金融首席财务官兼投资银行总裁汪韧、中民金融智库资深顾问居燕苏女士、梁民先生，国务院发展研究中心金融所副所长陈道富，太平石化金融租赁公司副总经理黄木新，德润租赁创始人兼董事长王琨，安永税务合伙人赵彤，瑞银证券投资银行部副主管涂乔彦，塞斯潘航运集团联合创始人及首席执行官王友贵，环球医疗金融与技术咨询服务有限公司执行董事及首席财务官彭佳虹等与会嘉宾参与圆桌讨论，就融资租赁行业现状、问题与监管等热点话题进行讨论。中民金融发布了《飞机租赁：方兴未艾的新兴资产类别》《集装箱船租赁：反周期的另类投资》两部白皮书。

2017 第九届中国融资租赁合作发展峰会

由中国金融前沿论坛、天津市租赁行业协会、中国租赁智库联合主办,中国资产证券化论坛、中国资产证券化分析网支持的"2017 第九届中国融资租赁合作发展峰会"10 月 20 日在北京召开。

本届峰会以"经济新常态下融资租赁发展的新机遇与新未来"为主题展开,来自融资租赁机构、券商、律师事务所、会计师事务所、评级机构、征信机构的约 300 人出席了大会。与会的各位专家就新时期的监管趋势动态、风险控制及不良处置、汽车融资租赁核心竞争力及战略设计、如何拓宽融资渠道、租赁资产证券化以及最新税务实操和会计准则实务探讨等方面进行了深度交流。

2017 中国融资租赁年会

2017 年 11 月 24 日,由中国外商投资企业协会主办,租赁业工作委员会承办的"2017 中国融资租赁年会"在北京召开。中国外商投资企业协会常务副会长邵祥林、中央财经大学教授张礼卿、对外经贸大学教授史燕平、中国保险资产管理业协会执行副会长曹德云、工银金融租赁有限公司总裁赵桂才、中铁金控融资租赁有限公司总经理梅家周、广发证券资产管理公司资产支持证券部总经理刘焕礼、德益齐租赁(中国)有限公司总裁 Anika Christophe(阿尼卡·克里斯托弗)等相关领导、业界专家与嘉宾出席了本届年会。300 余位融资租赁公司及相关机构的代表参加了本次年会。会议由中国外商投资企业协会租赁业工作委员会会长杨钢主持。

"2017 中国融资租赁年会"的召开,是在新的监管环境下,对融资租赁企业的战略选择与发展方向的总结,更是融资租赁行业进入资产质量与风险管理专业化经营方式发展新阶段的标志。

融资租赁西湖论坛峰会

2017 年 12 月 1 日,由融资租赁西湖论坛(南沙)研究院、广州南沙开发区金融工作局共同举办，浙江大学融资租赁研究中心作为学术支撑的融资租赁西湖论坛（南沙）研究院揭牌仪式暨论坛峰会在广州南沙隆重举行。广州南沙区副区长阮晓红，广州市金融局副局长何华权，中国融资租赁（西湖）论坛主席刘同安、俞雄伟，执行主席程东跃，副主席杨柳勇，学术顾问宋伟农，秘书长曾忠，以及广州市商务委等监管部门代表、80 余家租赁企业负责人以及专家学者 200 余人出席峰会。

　　会上，广州南沙区副区长阮晓红和融资租赁西湖论坛（南沙）研究院执行院长杨柳勇分别致辞。阮晓红副区长在致辞中介绍了南沙开发区的区域优势以及金融机构特别是融资租赁（金融租赁）的发展情况，对以浙江大学为学术支撑的研究院落户广州南沙表示祝贺，并对双方在广州南沙未来的合作表示期待。杨柳勇介绍了研究院未来的发展方向以及工作重点，期待能在南沙这片金融沃土上有所作为。随后进行了融资租赁西湖论坛（南沙）研究院揭牌仪式和研究院与南沙金融局的签约仪式。

　　峰会对南沙自贸区融资租赁资产交易平台建设进行了探讨，指出未来 5 到 10 年，信贷资产交易将是中国资产交易最大的市场，建议从支持建立专业的租赁资产交易平台、完善租赁资产交易的权属登记体系、规范信用评级制度、推动跨境租赁资产交易创新、给予租赁资产交易税收优惠等方面推动南沙自贸区融资租赁资产交易平台建设。

2017 中国租赁年会

　　2017 年 12 月 20 日，主题为"打造最强有力的金融工具"的"2017 中国租赁年会"在天津丽思卡尔顿酒店顺利召开。此次年会由天津滨海新区人民政府、中国国际商会、中国外商投资企业协会租赁业工作委员会、中国租赁联盟主办，中国租赁智库、天津滨海融资租赁研究院、中国租赁业创新服务基地、广州南沙融资租赁创新服务基地、中国租赁业（西部）创新服务基地、中国租赁业（东北）创新服务基地承办，天津市租赁行业协会、上海市租赁行业协会、浙江省租赁行业协会、福建省融资租赁行业协会、云南省租赁行业协会、广东省融资租赁协会、沈阳市融资租赁协会、湖北省融资租赁行业协会、江苏省租赁行业协会、山东省融资租赁行业协会、河南省租赁行业协会、安徽省融资租赁行业协会、重庆市外商投资企业协会租赁业委员会、广州融资租赁产业联盟、陕西省融资租赁联盟、青岛市融资租赁行业协会、苏州工业园融资租赁行业协会协办。全国人大财经委经济室处长张雪松出席开幕式并致辞。天津银监局、天津市金融工作局、天津市商务委员会等政府部门领导出席了本届年会。本届年会云集了 4 个租赁创新服务基地、11 家自贸区、17 位行业协会会长和 40 名中外租赁行业专家以及学者、企业家 500 余人。

主要著作

近年来，业内许多专家继续著书立说，将理论与实践相结合，探索中国融资租赁业的发展；一些专家还通过翻译方式，整理了大量国外资料。这些工作对推动中国租赁业的健康发展起到了积极作用。

《高速铁路、城际轨道和城市地铁融资租赁研究》

作者：周晓津

出版单位：经济科学出版社

出版时间：2015 年 5 月

《融资租赁与节能环保投融资》

作者：史燕平　刘若鸿　安　祺

出版单位：科学出版社

出版时间：2015 年 6 月

《融资租赁在中国》（第四版）

作者：姜仲勤

出版单位：当代中国出版社

出版时间：2015 年 11 月

《金融租赁业务操作实务与图解》

作者：高　卓　张媛媛

出版单位：法律出版社

出版时间：2015 年 11 月

《融资租赁计价方法》

作者：李文华　王树春

出版单位：电子工业出版社

出版时间：2015 年 12 月

《融资租赁风险控制》

作者：胡　阳　孙宗丰

出版单位：电子工业出版社

出版时间：2016 年 1 月

《信托与融资租赁》（第三版）

作者：马丽娟

出版单位：首都经济贸易大学出版社

出版时间：2016 年 3 月

《融资租赁法律手册（2010—2015）》

作者：张稚萍

出版单位：当代中国出版社

出版时间：2016 年 4 月

《最高人民法院专家法官阐释疑难问题与案例指导：融资租赁合同卷》

作者：最高人民法院专家法官阐释疑难问题与案例指导编写组

出版单位：中国法制出版社

出版时间：2016 年 7 月

《融资租赁理论与实务》

作者：刘澜飚

出版单位：人民邮电出版社

出版时间：2016 年 8 月

《融资租赁税务与会计实务及案例》

作者：杨津琪 廉 欢 童志胜

出版单位：中国市场出版社

出版时间：2016 年 11 月

《融资租赁纠纷案例选编》

作者：孙 瑜 王国军

出版单位：北京大学出版社

出版时间：2016 年 11 月

《中国公共租赁住房的发展与融资问题研究》

作者：闫 妍

出版单位：科学出版社

出版时间：2016 年 11 月

《融资租赁实务操作指引：案例解析与风险防控》

作者：陈 稳

出版单位：中国法制出版社

出版时间：2017 年 1 月

《中国融资租赁实务操作手册》

作者：吴军前

出版单位：中国经济出版社

出版时间：2017 年 3 月

《融资租赁的资产管理——从入门到精通》

作者：沙　泉

出版单位：中国发展出版社

出版时间：2017 年 4 月

《中国融资租赁观察》

作者：李　喆

出版单位：中国发展出版社

出版时间：2017 年 5 月

《2016 年中国融资租赁业发展报告》

作者：杨海田

出版单位：南开大学出版社

出版时间：2017 年 6 月

《租赁新时代》

作者：杨现领　粟样丹

出版单位：厦门大学出版社

出版时间：2017 年 8 月

《融资租赁实务精解与百案评析》

作者：郭丁铭　罗时贵

出版单位：中国法制出版社

出版时间：2017 年 8 月

《公共租赁住房配租机制研究》

作者：胡晶晶

出版单位：人民出版社

出版时间：2017 年 8 月

《渐显的光芒：中国融资租赁发展理论基础与实践创新》

作者：张　颖

出版单位：中国金融出版社

出版时间：2017 年 12 月

政策法规

2017 年，国家有关部门和各省、直辖市、自治区继续发布融资租赁法规，主要内容是加速、扶持和规范融资租赁业发展，这些文件或规定使行业发展环境进一步优化。

关于全口径跨境融资宏观审慎管理有关事宜的通知

发布文号：银发〔2017〕9 号

发布时间：2017 年 1 月 11 日

施行时间：2017 年 1 月 11 日

内容摘要：9 号文首次将外国银行（我国港、澳、台地区银行比照适用）境内分行（"外国银行境内分行"）纳入全口径跨境融资宏观审慎管理范围，即根据 9 号文的规定，央行全口径宏观审慎管理政策覆盖的主体不仅包括境内法人企业（仅限非金融企业，不含政府融资平台和房地产企业）和法人金融机构，还包括外国银行境内分行。

与 18 号文和 132 号文相比，9 号文将企业跨境融资杠杆率由原来的 1 调整至 2，即企业的跨境融资额度上限扩大了一倍，企业可按照两倍于净资产的规模开展跨境融资。此外，9 号文规定，金融机构向客户提供的内保外贷按 20% 纳入跨境融资风险加权余额计算。

9 号文规定了如下不纳入跨境融资风险加权余额计算的业务类型：就"被动负债"以及"贸易信贷、贸易融资"而言，18 号文和 132 号文仅排除了境外机构投资境内债券市场产生的人民币被动负债、境外主体存放在金融机构的人民币存款及人民币贸易融资，而 9 号文还排除了外币被动负债、外币存款（比如境外机构境内外汇账户内的存款）及外币贸易融资。此外，9 号文排除了合格境外机构投资者（QFII）和人民币合格境外机构投资者（RQFII）存放在金融机构的托管资金以及境外机构存放在托管账户的发行熊猫债所募集的资金、境内银行向境外同业拆借资金等纳入跨境融资风险加权余额。9 号文规定区域性跨境融资创新试点自 2017 年 5 月 4 日起统一按全口径跨境融资宏观审慎模式管理。外商投资企业、外资金融机构在 9 号文发布之日一年过渡期内可在现行"投注差"模式和全口径跨境融资模式下任选一种适用。过渡期结束后，外资金融机构自动适用全口径跨境融资模式。

外商投资企业跨境融资管理模式由央行、国家外汇管理局评估后确定。综上所述，全口径跨境融资宏观审慎管理政策构建了基于微观主体资本或净资产的跨境融资宏观审慎约束机制，9号文进一步扩大了企业和金融机构跨境融资的空间，有利于拓宽企业和金融机构的融资渠道，在审慎经营理念基础上提高跨境融资的自主性和境外资金利用效率，符合现阶段监管层面"扩流入"的政策导向，可以看作央行向完善其宏观审慎政策框架所迈出的重要一步。

在全口径跨境融资新政策下，未来海外直贷、境外机构境内外汇账户相关业务、内保外贷、国际信用证、海外代付、跨境同业代付等各项跨境业务或将增加。

关于进一步推进外汇管理改革完善真实合规性审核的通知

发布文号：汇发〔2017〕3号

发布时间：2017年1月26日

施行时间：2017年1月26日

内容摘要：3号文出台之前，根据《国家外汇管理局关于实施国内外汇贷款外汇管理方式改革的通知》（汇发〔2002〕125号）等相关规定，除出口押汇等有限的国内外汇贷款可以结汇外，其他国内外汇贷款不得结汇。此次3号文则进一步扩大了境内外汇贷款结汇范围，允许具有货物贸易出口背景的境内外汇贷款办理结汇。根据外管局就3号文的答记者问，可结汇资金主要包括信用证及托收项下出口押汇、出口贴现、出口商业发票贴现、出口保理、福费廷、订单融资、协议融资、出口海外代付、打包放款等具有货物贸易出口背景的境内外汇贷款。需要注意的是，3号文同时要求境内机构应以货物贸易出口收汇资金偿还境内外汇贷款，原则上不允许购汇偿还境内外汇贷款。

3号文突破了2014年《国家外汇管理局关于发布<跨境担保外汇管理规定>的通知》（汇发〔2014〕29号）（以下简称"29号文"）明令禁止内保外贷业务项下的资金直接或间接调回境内使用的限制，明确允许境外债务人通过向境内进行放贷、股权投资等方式将内保外贷项下资金直接或间接调回境内使用，银行发生内保外贷担保履约的，相关结售汇纳入银行自身结售汇管理。在此之前，为了规避 29 号文的限制，实务中，对于境外子公司向境外银行申请贷款或境外发行债券的交易，境内母公司往往通过采取提供流动性支持、股权收购承诺等非"担保"的增信方式，以及贸易、投资等形式最终实现境外融资资金的回流。因此，3 号文的出台对于内保外贷业务而言，应构成一大利好。

3 号文规定，境内银行通过国际外汇资金主账户吸收的存款，按照宏观审慎管理原则，可境内运用比例由不超过前 6 个月日均存款余额的 50%调整为 100%；且境内运用资金不占用银行短期外债余额指标。相比较而言，此前《跨国公司外汇资金集中运营管理规定》（汇发〔2015〕36 号）则规定，境内银行通过国际外汇资金主账户吸收的存款，可在不超过前 6 个月日均存款余额的 50%额度内境内运用；超过 50%的部分境内运用时需占用短期外债余额指标。

3 号文延续了《国家外汇管理局关于进一步促进贸易投资便利化完善真实性审核的通知》（汇发〔2016〕7 号）的要求，规定银行为境内机构办理等值 5 万美元（不含）以上利润汇出业务，应按真实交易原则审核与本次利润汇出相关的董事会利润分配决议（或合伙人利润分配决议）、税务备案表原件、经审计的财务报表，并在相关税务备案表原件上加章签注本次汇出金额和汇出日期。此外，3 号文进一步补充要求境内机构利润汇出前应先依法弥补以前年度亏损。

3 号文明确了境内机构办理境外直接投资登记和资金汇出手续时，除应按规定提交相关审核材料外，还应向银行说明投资资金来源与资金用途（使用计划）情况，提供董事会决议（或合伙人决议）、合同或其他真实性证明材料。银行按照展业原则加强真实性、合规性审核。此举是为了在境外直接外汇投资登记权限下放至银行的现状下，进一步强化银行对境外直接投资真实性、合规性的审核义务。

继中国人民银行《关于进一步明确境内企业人民币境外放款业务有关事项的通知》（银发〔2016〕306 号）统一本外币境外放款政策后，3 号文进一步对境内机构本外币境外放款的总额度进行了明确限制，规定境内机构办理境外放款业务时，本币境外放款余额与外币境外放款余额合计最高不得超过其上年度经审计财务报表中所有者权益的30%。

总体来看,3 号文延续并体现了监管层面近期"控流出、扩流入"、促进本外币跨境资金流动双向平衡以及本外币一体化全口径跨境融资宏观审慎管理的监管政策导向,强调了对跨境交易及跨境资金流动特别是资金出境的真实性和合规性审核。对于企业及银行而言,后续开展跨境交易及跨境投融资业务须注意遵守并有效利用 3 号文的最新监管规定,以便开拓新的业务增长点并避免潜在风险。

宁夏中小微企业转贷资金管理暂行办法

发布文号:宁财企发〔2017〕227 号

发布时间:2017 年 4 月 10 日

施行时间:2017 年 4 月 10 日

内容摘要:为有效帮助中小微企业及时获得金融机构转贷支持,宁夏回族自治区财政厅联合非公局印发《宁夏中小微企业转贷资金管理暂行办法》,并出资 1 亿元设立"宁夏中小微企业转贷资金"作为政府专项"过桥贷"资金。主要有四个特点:一是高效便捷。企业通过登录"宁夏中小企业公共服务平台"申请续贷和转贷业务,减少了往返转贷机构的中间环节。二是成本较低。使用时间 1 至 5 天按每天 0.2‰收取资金使用费,超过 5 天不超过 15 天的按每天 0.4‰收取资金使用费,远低于 1‰到 3‰的市场费率。三是支持力度大。转贷资金只为中小微企业提供流动资金贷款服务,单个企业支持上限为 2000 万元。同时,为确保资金能够满足企业需求,转贷资金合作银行还将授信 2 亿元额度作为补充备用。四是注重信用价值。申请企业需在区内依法设立,符合国家及自治区产业政策,经营状况良好,具备本期贷款条件和后续还贷能力,存在不良记录的企业将无法获得支持。

宁夏回族自治区工业企业贷款风险保证金及补偿管理暂行办法

发布文号:宁财企发〔2017〕373 号

发布时间:2017 年 6 月 5 日

施行时间：2017 年 6 月 5 日

内容摘要：为了切实缓解企业融资难、融资贵问题，宁夏财政筹措 10 亿元设立工业企业贷款风险保证金，以增强银行信贷投放信心，撬动银行 100 亿元信贷资金，专项用于宁夏工业企业发展。

在设立 10 亿元工业企业贷款风险保证金基础上，合作银行按 1:10 的比例撬动 100 亿元信贷资金。当企业贷款发生逾期时，贷款风险责任由政府与合作银行按照 3:7 的比例分担。《宁夏回族自治区工业企业贷款风险保证金及补偿管理暂行办法》共分六章二十九条，对贷款风险补偿资金申请条件、申请程序、补偿标准、补偿程序等方面进行了明确和规范。自治区经信委会同财政厅联合印发了管理办法，设立自治区工业企业贷款风险保证金及补偿资金，建立政府增信和风险补偿机制，发挥财政资金导向和放大作用，鼓励和引导金融机构加大对工业企业的贷款投放力度，促进工业经济稳增长、调结构、增效益。

商务部 税务总局关于辽宁等 7 个自由贸易试验区内资租赁企业从事融资租赁业务有关问题的通知

发布文号：商流通函〔2017〕270 号

发布时间：2017 年 6 月 6 日

施行时间：2017 年 6 月 15 日

内容摘要：商务部、税务总局将注册在自贸试验区内的内资租赁企业融资租赁业务试点确认工作委托给各自贸试验区所在的省、直辖市、计划单列市级（以下简称省级）商务主管部门和国家税务局。试点企业条件和申报材料要求参照 560 号文执行。对注册在自贸试验区外的内资租赁企业从事融资租赁业务，仍按现行规定和程序办理；各自贸试验区所在的省级商务主管部门会同同级国家税务局负责对融资租赁试点企业提交的相关材料进行审核。对于符合条件的企业，由省级商务主管部门和国家税务局联合发布公告，明确纳入内资融资租赁试点范围企业名单，与商务部、税务总局发布名单中的内资融资租赁试点企业享受同等待遇。

省级商务主管部门应当指导和督促试点企业通过全国融资租赁企业管理信息服务平台报送各项信息，并对企业上报信息及时审核；每月末要将新纳入试点范围的企业的基本情况报送商务部，同时抄送税务总局；每季度要将试点工作开展情况报送商务部，同时抄送税务总局；每年度结束后要督促企业尽早填报相关年度报表信息；要及时研究信息服务运行及信息化监管工作中存在的问题，发现问题应积极研究应对并上报商务部和税务总局。

根据省级人民政府分工，省级商务主管部门要依据行业管理职责强化事中事后监管制度，实时监督企业依法依规开展经营，利用现场和非现场结合的监管手段，充分发挥信息服务平台的作用，加强风险监测、分析和预警，切实防范区域性、系统性风险。

关于促进市域（郊）铁路发展的指导意见

发布文号：发改基础〔2017〕1173 号

发布时间：2017 年 6 月 20 日

施行时间：2017 年 6 月 20 日

内容摘要：市域（郊）铁路是城市中心城区连接周边城镇组团及其城镇组团之间的通勤化、快速度、大运量的轨道交通系统，提供城市公共交通服务，是城市综合交通体系的重要组成部分。加快市域（郊）铁路发展，对扩大交通有效供给、缓解城市交通拥堵、改善城市人居环境、优化城镇空间布局、促进新型城镇化建设具有重要作用。当前，市域（郊）铁路发展滞后，有效供给能力不足，成为城市公共交通短板，在发展理念和体制机制等方面问题较为突出。为有序推进市域（郊）铁路发展，现提出以下意见。

拓展投融资渠道。建立政府投入、各类金融机构和社会资本相互支持的多层次、多元化投融资体系。加强政策引导，政府在安排资金时加大对市域（郊）铁路的支持力度。完善激励机制，鼓励社会资本全面参与市域（郊）铁路投资、建设、运营、管理等各个环节。充分发挥市域（郊）铁路具备稳定现金流的优势，拓展资金来源，探索吸引保险资金、企业年金等长期资本参与市域（郊）铁路发展。积极支持通过企业债券、公司债券、非金融企业债务融资工具等方式融资。鼓励金融租赁公司研发适合市域（郊）铁路特点的金融产品，采用直接租赁、售后回租等形式提供融资服务。

湖北省商务厅 省国税局关于中国（湖北）自由贸易试验区内资融资租赁试点企业确认有关问题的通知

发布文号：鄂商务发〔2017〕63号

发布时间：2017年7月5日

施行时间：2017年7月5日

内容摘要：为贯彻落实湖北自由贸易试验区（以下简称自贸试验区）总体方案和进一步深化自贸试验区方案落实推进，支持自贸试验区融资租赁行业积极探索、先行先试，促进融资租赁业加快发展，现就自贸试验区内资融资租赁试点企业有关问题通知如下：

试点企业应具备《商务部 国家税务总局关于从事融资租赁业务有关问题的通知》（商建发〔2004〕560号）第四条规定的基本条件，即核心主业突出、资金来源稳定、股权关系简单透明、企业治理结构健全、发展战略和盈利模式清晰、诚信和纳税记录良好，同时实缴资本达到1.7亿元人民币。

浙江省商务厅 省国税局关于中国(浙江)自由贸易试验区内资租赁企业从事融资租赁业务有关事项的通知

发布文号：浙商务联发〔2017〕43号

发布时间：2017年7月7日

施行时间：2017年7月7日

内容摘要：（一）做好信息报送工作。舟山市商务局应指导试点企业及时登录全国融资租赁企业管理信息系统和浙江省融资租赁行业综合管理信息系统填报有关信息，按时完成信息季报、年报工作。同时，舟山市商务局应于每季度结束后10个工作日内将试点工作开展情况和上季试点企业变更工商登记情况报送省商务厅，抄送省国税局。

（二）加强行业风险监管。舟山市商务局应加强属地监管。要利用现场和非现场相结合的监管方式，强化对试点企业风险防控重点环节，以及非法集资、吸收存款、发放贷款等违法违规行为的监管，要加强风险监测、分析和预警，切实防范出现区域性、系统性风险。对不按要求报送企业相关信息、在一年以上未实质性开展融资租赁业务以及发生违法违规行为的试点企业，省商务厅将会同省国税局取消其试点资格。

（三）规范企业变更管理。自贸试验区内的试点企业变更名称、异地迁址、增减注册资本金、改变组织形式、调整产业结构等，应在办理工商变更登记后 5 个工作日内将变更内容报省商务厅备案。其他工商登记注册地变更到自贸试验区内的内资融资租赁企业，应及时将原申报材料和批准文件、变更后的营业执照复印件报省商务厅备案，按试点企业进行管理，并享受同等待遇。试点企业工商登记信息发生变更后，其注册资金、高管人员、关联企业等应符合试点申报条件，并及时登录融资租赁信息系统修改相关信息。对于纳入试点范围的企业，如迁出自贸试验区，应当按自贸试验区外企业申报试点现行规定重新申报确定试点资格。

浦东新区人民政府关于印发《浦东新区"十三五"期间促进金融业发展财政扶持办法》的通知

发布文号：浦府〔2017〕131 号

发布时间：2017 年 7 月 12 日

施行时间：2017 年 8 月 12 日

废止时间：2020 年 12 月 31 日

内容摘要：《浦东新区"十三五"期间促进金融业发展财政扶持办法》涉及的金融业各类机构包括金融控股公司、金融机构（经国务院或金融监管部门批复设立的金融机构及其子公司）和新兴金融机构（包括融资租赁公司、私募投资企业、金融专业服务机构等），其中对新引进的融资租赁公司，三年内根据对新区贡献、评价指标体系综合考核评定，给予一定的落户奖励；对融资租赁公司，根据企业每年对新区的综合贡献（扣除享受过的落户奖励），给予一定综合贡献奖励。

关于在人口净流入的大中城市加快发展住房租赁市场的通知

发布文号：建房〔2017〕153 号

发布时间：2017 年 7 月 18 日

施行时间：2017 年 7 月 18 日

内容摘要：《关于在人口净流入的大中城市加快发展住房租赁市场的通知》（以下简称《通知》）提出，要从四个方面多措并举地加快发展住房租赁市场：培育机构化、规模化住房租赁企业，建设住房租房交易服务平台，增加租赁住房有效供应，创新住房租赁管理和服务体制。

《通知》要求，人口净流入的大中城市要充分发挥国有企业的引领和带动作用，支持相关国有企业转型为住房租赁企业。其分别从土地、金融、运营等政策方面进行"红利释放"，如鼓励各地通过新增用地建设租赁住房、在新建商品住房项目中配建租赁住房等方式，多渠道增加新建租赁住房供应；要求各地加大对住房租赁企业的金融支持力度，鼓励金融机构向住房租赁企业提供符合经营特点的长期贷款和金融解决方案等；落实"放管服"改革的总体要求，梳理新建、改建租赁住房项目立项、规划、建设、竣工验收、运营管理等规范性程序，建立快速审批通道，探索实施并联审批等。

陕西省商务厅 省国税局关于陕西自由贸易试验区内资租赁企业从事融资租赁业务试点有关问题的通知

发布文号：陕商发〔2017〕41 号

发布时间：2017 年 8 月 4 日

施行时间：2017 年 8 月 4 日

内容摘要：为落实《商务部 税务总局关于辽宁等 7 个自由贸易试验区内资租赁企业从事融资租赁业务有关问题的通知》（商流通函〔2017〕270 号），自 2017 年 6 月 15 日起，受商务部和国家税务总局委托，陕西省商务厅、陕西省国家税务局负责注册在陕西自贸试验区的内资租赁企业从事融资租赁业务试点确认工作。

申报条件：

注册在自贸试验区的内资租赁企业从事融资租赁业务试点，应具备《商务部 国家税务总局关于从事融资租赁业务有关问题的通知》（商建发〔2004〕560 号）第四条规定的基本条件：

（一）2001 年 8 月 31 日（含）前设立的内资租赁企业最低注册资本金应达到 4000 万元（实缴），2001 年 9 月 1 日后设立的内资租赁企业注册资本（实缴）应达到 17000 万元；

（二）具有健全的内部管理制度和风险控制制度；

（三）拥有相应的金融、贸易、法律、会计等方面的专业人员，高级管理人员应具有不少于三年的租赁业从业经验；

（四）近两年经营业绩良好，没有违法违规记录；

（五）具有与所从事融资租赁产品相关联的行业背景；

（六）法律法规规定的其他条件。

在符合以上条件的基础上，应具备核心主业突出、资金来源稳定、股权关系简单透明、公司治理结构健全、发展战略和盈利模式清晰、诚信和纳税记录良好等特点。重点支持：服务领域符合国家和有关部门鼓励发展的产业方向或政策导向，股东具有相关产业背景，能够在资金、业务发展等方面对试点企业给予有力支撑。

广州市商务发展专项资金融资租赁产业发展事项实施细则

发布文号：穗商务特商函〔2017〕32 号

发布时间：2017 年 8 月 4 日

施行时间：2017 年 8 月 4 日

内容摘要：为规范和促进广州市商务发展专项资金融资租赁产业发展事项管理，提高财政资金的使用效益，根据《广州市市级财政专项资金管理办法》（穗府办函〔2014〕90 号）和《广州市商务发展专项资金管理办法》（穗商务规字〔2017〕6 号）等相关规定，制定本实施细则。融资租赁资金的支持对象应当符合以下基本条件：

（一）申报单位为本市行政辖区内依法登记注册、具有独立法人资格的企事业单位、社会团体、行业协会（或联合体）及其他单位；

（二）申报单位具有良好的诚信、社会信誉和综合实力，有健全的财务管理机构、严格的财务管理制度和合格的财务管理人员，会计信用和纳税信用好，能按期偿还银行贷款；

（三）申报单位在企业经营、财税、外汇管理、海关监管等方面无违规行为；

（四）项目申报指南要求具备的其他条件。

专项资金支持方向和标准如下：

（一）融资租赁企业落户、增资扩股奖励

对落户广州的融资租赁企业、广州的融资租赁企业增资扩股的，根据新增实缴注册资本（新增资本金）规模和增量等情况进行一次性奖励：20 亿元以上（含 20 亿元，以此类推）的，奖励 1000 万元；20 亿元以下、10 亿元以上的，奖励 500 万元；10 亿元以下、5 亿元以上的，奖励 200 万元。

（二）融资租赁项目补贴

对本市各区组织融资租赁企业开展飞机、船舶租赁项目，对项目进行一次性奖励：按项目合同金额给予不超过 0.5‰ 的补贴，最高不超过 50 万元。

除飞机、船舶项目外，对本市融资租赁企业为本市企业提供融资租赁服务，或购入本市先进制造企业生产的设备用于对外融资租赁服务等情况，对于项目融资总额度 2000 万元及以上的项目，按项目合同金额给予不超过 0.5% 的补贴，最高不超过 500 万元。

上述资金可根据需要进行适当调整。对本市经济发展有重大影响的项目，可根据情况进行专项支持，并相应调整上述资金分配比例。资金调整方案由市商务委会同市金融工作局、市财政局制定。

落户增资奖励与本市其他同类型奖励项目同时获评时，按照就高不就低原则，仅支持其中一个项目。落户增资奖励需在实缴资金到账后才可以参与评选，在评定次年给予一次性资金补助；项目补贴在资金有效投放后进行评选。

沈阳市人民政府关于印发中国（辽宁）自由贸易试验区沈阳片区实施方案的通知

发布文号：沈政发〔2017〕46 号

发布时间：2017 年 8 月 29 日

施行时间：2017 年 8 月 29 日

内容摘要：为贯彻落实《国务院关于印发中国(辽宁)自由贸易试验区总体方案的通知》(国发〔2017〕15 号)，加快推进中国(辽宁)自由贸易试验区沈阳片区建设，制定了具体推动措施。

沈阳片区发展的主要任务为：强化开放型经济治理体系和能力建设，打造国际化营商环境；建立与国际规则相适应的投资管理体制，促进双向投资；积极推进贸易便利化和发展方式转变，培育外贸竞争新优势；加快融入全球价值链和推动产业转型升级，实现东北老工业基地振兴；全面深化国资国企改革，充分发挥国有经济主导作用；加强与自主创新示范区联动发展，构筑辐射东北亚的科技创新中心；提升金融领域开放创新和服务实体经济的水平，加快东北区域金融中心建设；构建辐射"一带一路"国家的东北亚物流中心，推动东北亚重要国际中心城市建设。

深圳市人民政府关于印发扶持金融业发展若干措施的通知

发布文号：深府规〔2017〕2 号

发布时间：2017 年 9 月 25 日

施行时间：2017 年 9 月 25 日

废止时间：2021 年 12 月 31 日

内容摘要：为进一步完善金融支持政策体系，吸引集聚优质金融资源，推动全市金融业可持续均衡发展，加快建设国际化金融创新中心，结合我市实际，制定如下措施。

一、坚持服务导向，优化金融政策环境。

二、发展金融总部经济，鼓励金融总部企业做大做强。

三、支持金融企业分支机构落户布局，鼓励精细化发展。

四、规范发展新兴金融业态，丰富金融市场层级。

五、培育引进创新型金融机构，完善配套金融支持体系。

国家外汇管理局关于融资租赁业务外汇管理有关问题的通知

发布文号：汇发〔2017〕21号

发布时间：2017年10月2日

施行时间：2017年10月2日

内容摘要：为进一步推进自由贸易试验区改革试点经验的复制推广，切实服务实体经济发展，根据《中华人民共和国外汇管理条例》（国务院令2008年第532号）、《商务部 交通运输部 工商总局 质检总局 外汇局关于做好自由贸易试验区第三批改革试点经验复制推广工作的函》（商资函〔2017〕515号）及其他有关法规，就融资租赁业务外汇管理有关问题制此通知。

一、本通知所称融资租赁类公司包括银行业监督管理部门批准设立的金融租赁公司、商务主管部门审批设立的外商投资融资租赁公司，以及商务部和国家税务总局联合确认的中资融资租赁公司等三类主体。

二、融资租赁类公司办理融资租赁业务时，如果用以购买租赁物的资金50%以上来源于自身国内外汇贷款或外币外债，可以在境内以外币形式收取租金。

三、在满足前述条件的融资租赁业务下，承租人可自行到银行办理对融资租赁类公司出租人的租金购付汇手续：

（一）出租人出具的支付外币租金通知书；

（二）能够证明出租人"用以购买租赁物的资金50%以上来源于自身国内外汇贷款或外币外债"的文件；

（三）银行要求的其他真实性证明材料。

四、融资租赁类公司收取的外币租金收入，可以进入自身按规定在银行开立的外汇账户；超出偿还外币债务所需的部分，可直接在银行办理结汇。

本通知自发布之日起实施。以前规定与本通知不符的，以本通知为准。请各分局、外汇管理部尽快将本通知转发至辖内中心支局、支局和辖内银行；各中资银行尽快将本通知转发至分支机构。执行中如遇问题，请及时向国家外汇管理局资本项目管理司反馈。

关于印发海南省加快融资租赁业发展实施方案的通知

发布文号：琼府办〔2017〕184 号

发布时间：2017 年 11 月 14 日

施行时间：2017 年 11 月 14 日

内容摘要：培育和引进市场主体。支持我省国有大中型企业、民营企业和外资企业通过合作、兼并重组、增资扩股等形式，与省外有实力的融资租赁公司在我省设立分公司或分支机构；支持设立专门面向中小微企业的融资租赁公司，鼓励发展面向个人创新创业的融资租赁服务；加大招商力度，引入国内外投资商在我省设立融资租赁公司。

推动产业集聚。海口综合保税区、洋浦保税港区等有条件的园区率先进行融资租赁业政策、功能和制度创新，加快打造融资租赁业发展集聚区。复制推广自由贸易试验区融资租赁业发展经验，支持在海口综合保税区、洋浦保税港区等海关特殊监管区域设立融资租赁公司或专业子公司、特殊项目公司，采用离岸、单体项目、跨境、进出口设备保税等多种业务模式，开展多元化融资租赁业务。

促进产融结合。引导融资租赁企业参与我省十二大产业发展，依托产业背景，突出经营特色，实现差异化发展。鼓励融资租赁企业进一步统筹航空产业及其配套服务业发展，支持开展飞机租赁业务。鼓励融资租赁企业支持远洋渔船升级和行业整合提升。鼓励融资租赁企业开展机动车(重点是新能源车、公交车、物流运输车、家用小型机动车)的融资租赁业务。大力发展节能减排和环境治理产业绿色融资租赁业务。鼓励融资租赁企业开展邮轮、游艇、海上低空飞行器等旅游交通工具以及旅游基础设施的融资租赁业务，推动海洋休闲旅游产业发展。鼓励融资租赁企业开展面向现代农业的种植大户、家庭农场、农业合作社、农业企业等新型农业经营主体的农产品初加工设备及其他农用机械设备租赁。鼓励融资租赁公司与产业园区、科技企业孵化器、中小企业公共服务平台等合作，加大对科技型、创新型和创业型中小微企业的支持力度。

天津市商务委 市国税局关于确认天津滨海新区弘信博格融资租赁有限公司等 21 家企业为天津自贸试验区第七批内资融资租赁试点企业的通知

发布文号：津商务流通〔2017〕38 号

发布时间：2017 年 11 月 15 日

施行时间：2017 年 11 月 15 日

内容摘要：根据《商务部 税务总局关于天津等 4 个自由贸易试验区内资租赁企业从事融资租赁业务有关问题的通知》（商流通函〔2016〕90 号）和《市商务委 市国税局关于天津自由贸易试验区内资租赁企业从事融资租赁业务有关问题的通知》（津商务流通〔2016〕9 号）文件精神，市商务委、市国税局对天津自由贸易试验区相关片区报送的第七批内资融资租赁试点申报材料进行了审核。经审核，天津滨海新区弘信博格融资租赁有限公司等 21 家企业符合试点条件，同意确认为天津自由贸易试验区第七批内资融资租赁试点企业。

2017年行业大事记

1月11日，央行发布《关于全口径跨境融资宏观审慎管理有关事宜的通知》。全口径跨境融资政策统一了人民币与外币的外债管理，也将短期外债和中长期外债（发改委事前备案制中长期外债除外）一并纳入管理，标志着全国范围内跨境融资宏观审慎管理的开始。

1月13日，渤海金控发布2016年度业绩预告，预计归属于上市公司股东的净利润为20.5亿元至24亿元，比上年同期的13.04亿元增长约57.15%至83.98%。基本每股收益预计约0.3315元至0.3881元。

1月14日，由清华五道口《清华金融评论》和中民金融联合主办的融资租赁监管与发展论坛召开。中民投认为，已经进入深度全球化时代的中国，需要改变被动全球化的模式，积极整合全球资源为我所用，寻找全球化资产配置路径。在众多资产类别中，因相对风险较低，且能提供稳定现金流，飞机和集装箱租赁正在成为细分资产中的新宠。

1月16日，交通银行向交银金融租赁增资5亿元获批。

1月16日，在政协湖北省第十一届委员会第五次会议第二次大会上，14名委员发言，建议自贸区试行"融资租赁"契税减免。

1月16日，河北省金融租赁有限公司发布公告，将于1月19日起面向全国银行间债券市场机构投资者公开发行共计1亿元的第一期绿色金融债券。此债券是我国融资租赁行业获批发行的首单绿色金融债券。

1月16日，国际货币基金组织(IMF)发布最新《世界经济展望》报告。据该组织独立估计，中国2016年经济增速为6.7%，印度为6.6%。2015年两国增速分别为6.9%和7.6%。这也意味着，中国经济增速重回全球第一。

1月17日，东北地区首个融资租赁行业协会——沈阳市融资租赁协会正式成立。

1月17日，天津市第三批内资融资租赁试点企业获批，共4家，全部为东疆港企业，这也是2017年天津市第一批获此资质的企业。此次获批的第三批内资融资租赁试点企业是中远海发（天津）租赁有限公司、中船重工海疆（天津）租赁有限公司、天津汇融通达租赁有限公司、中商国控（天津）租赁有限公司。

1 月 19 日，从广州南沙融资租赁重点企业座谈会获悉，2016 年，南沙给予第一批 4 家融资租赁总部型企业 2015 年度扶持奖励以及飞机租赁项目补贴，合计扶持奖励金额超 1.1 亿元；南沙融资租赁企业获得广州市融资租赁业发展专项资金扶持金一共将近 5000 万元。政府对融资租赁企业的奖励补贴超 1.5 亿元，有力地支持了融资租赁企业的发展。

1 月 20 日，中国民生投资股份有限公司与天津市签署战略合作协议，未来 5 年，中民投将在多领域投入 500 亿元，促进天津经济结构调整和产业转型升级。

1 月 20 日，陕西省商务厅联合西安市商务局和陕西省融资租赁联盟召开融资租赁暨商业保理企业座谈会，促进融资租赁与优势产业共振互动。

1 月 21 日，沈阳市服务业委表示，沈阳将加强融资租赁企业与金融机构、实体企业之间的交流合作，2017 年各大融资租赁企业计划实现在租责任额 200 亿元。

1 月 22 日，中信富通融资租赁公司发行"平安中信富通租赁一期资产支持专项计划"，发行总额 4.25 亿元，其中优先 A1 级发行利率 4.49%。

1 月 23 日，北京国资租赁公司与上海华之邦科技股份有限公司成功开展了项目合作，为其提供总额为 5000 万元的授信，对于选用华之邦公司生产的低氮燃烧器的下游锅炉业主或改造项目总包方给予资金支持。

1 月 23 日，《广东省人民政府办公厅关于加快培育和发展住房租赁市场的实施意见》出台。专家称，这将使广深地区的租赁市场迎来巨大利好。

1 月 24 日，我国香港运输及房屋局局长张炳良在立法会经济发展事务委员会会议上表示，要为离岸飞机租赁设立具竞争力的专门税制，香港特区政府计划于 2017 年 4 月左右向立法会提交法例修订。

1 月 25 日，安徽德润融资租赁股份有限公司发行"华泰资管—德润租赁 2016 年第二期资产支持专项计划"，发行总额 7.88 亿元，其中

2017 年行业大事记

优先 A1 级发行利率 5%。

1 月 26 日，中航国际租赁有限公司资产规模突破 700 亿元大关，成国内最大国产民用飞机租赁服务商。

1 月 26 日，国家外汇管理局发布《关于进一步推进外汇管理改革完善真实合规性审核的通知》，扩大境内外汇贷款结汇范围，允许内保外贷项下资金调回境内使用，债务人可通过向境内进行放贷、股权投资等方式将担保项下资金直接或间接调回境内使用。

2 月 3 日，先锋国际融资租赁有限公司宣布，将欧洲和澳大利亚领先的商务出行解决方案提供商安法出行正式引入中国市场。安法出行与先锋租赁同属宝马集团旗下的子公司。未来在中国，安法出行将作为先锋租赁整体业务线下的一个商务出行服务品牌，由先锋租赁运营，专注于商务出行及汽车租赁。

2 月 4 日，汇通信诚租赁有限公司发行"汇通九期资产支持专项计划"，发行总额 13.16 亿元，其中优先 A1 级发行利率 5.5%。

2 月 4 日，创富融资租赁（上海）有限公司发行"天风证券—创富租赁一期资产支持专项计划"，发行总额 1.77 亿元，其中优先 A1 级发行利率 4.4%。

2 月 6 日，国务院公布的《关于促进开发区改革和创新发展的若干意见》提出，开发区已成为推动我国工业化、城镇化快速发展和对外开放的重要平台，面对新形势，必须进一步发挥开发区作为改革开放排头兵的作用。

2 月 7 日，德海租赁有限公司与山西路桥集团第三工程有限公司及安迈工程设备（上海）有限公司就设备融资租赁事宜在北京举行签约仪式。

2 月 9 日，北银金融租赁有限公司与联合直升机国际集团有限公司签署战略合作伙伴关系协议。双方将在未来 5 年内至少完成 50 架以上俄罗斯直升机产品的采购合同，涉及总金额将超过 5 亿美元。

2 月 13 日，烟台中集来福士建造的全球最先进超深水双钻塔半潜式钻井平台"蓝鲸 1 号"在烟台命名交付。这是中国船厂在海洋工程超深水领域的首个"交钥匙"工程。该平台由天津凯胜海洋工程设备

· 65 ·

租赁有限公司作为承租方，由蓝鲸海洋工程公司联合中国石油集团海洋工程有限公司共同履行服务合同，进行海洋能源勘探。

2月13日，工银金融租赁有限公司获准开展国内外汇贷款资金纳入外汇资金池管理业务，并成功通过平安银行天津自贸区分行将一笔5000万美元的国内外汇贷款放款至其项目公司用于支付飞机采购款。由此，工银租赁成为全国首家能够开展此项业务的跨国公司。

2月14日，华融金融租赁发行2017年第一期绿色金融债券。其中3年期10亿元、发行利率4.45%，5年期10亿元、发行利率4.7%。华融金融租赁发布公告称，将于2月21日在全国银行间债券市场发行规模为49.9亿元的资产支持证券（ABS）。

2月15日，青岛银行称收到《中国银监会青岛监管局关于同意青岛青银金融租赁有限公司开业的批复》，青银金租将开业运营。

2月18日，晨鸣纸业发布2016年年报。年报显示，山东晨鸣融资租赁有限公司2016年底总资产达260.78亿元，实现营业收入25.59亿元，净利润9.19亿元。

2月20日，渤海金控发布公告称，天津渤海租赁的控股子公司——横琴国际融资租赁有限公司获得三大股东共同增资6000万美元。增资完成后，横琴租赁注册资本增加至1亿美元。

2月20日，中国飞机租赁发布正面盈利预告，预计中国飞机租赁集团控股有限公司净利润同比增长60%。

2月21日，河北省政府办公厅印发《河北省公共服务及相关领域推行融资租赁业务管理暂行办法》，对于公共服务、基础设施建设、设备购置等相关领域的项目，适宜采用融资租赁方式的，应优先采用融资租赁方式。

2月21日，招银金融租赁有限公司发行"招金2017年第一期租赁资产支持证券"，发行规模56.36亿元，其中优先A1级12亿元、发行利率4.3%。

2月21日，华融金融租赁股份有限公司发行"融汇2017年第一期租赁资产支持证券"，发行规模49.9亿元，其中优先A1级10亿元、发行利率4.4%。

2月22日，民生信托旗下的租赁公司完成了首单船舶投融资业务交割，还实现了租金回境。天津东疆保税港区也因此实现了国内船舶融资领域的创新，完成了通过信托基金在船舶资产领域进行投融资的中国第一单。

2月27日，湖北省融资租赁行业协会一行赴上海自贸区与上海市租赁行业协会有关领导进行了交流学习。湖北省商务厅彭国坚处长，湖北协会田海会长、张培元秘书长，零壹财经合伙人、零壹融资租赁研究中心赵慧利主任参加了学习交流。

2月28日，武汉光谷融资租赁有限公司在上海隆重举行"空客H125（小松鼠）直升机接机暨战略合作签约仪式"，将空客直升机交付上海中瑞，正式进军国内航空租赁市场。

3月1日，中国飞机租赁集团控股有限公司发行无抵押及无评级美元债券，其中5年期3亿美元、发行利率4.7%，7年期2亿美元、发行利率5.5%。

3月1日，华鲁国际融资租赁有限公司发行"中信建投—华鲁租赁二期资产支持专项计划"，发行总额5亿元，其中优先A1级发行利率5.2%。

3月2日，中银航空租赁有限公司（"中银航空租赁"）宣布接收第200架波音飞机。

3月2日，聚信国际融资租赁有限公司发行"2017年第一期资产支持证券"，发行规模21.1亿元，其中优先A1级6.05亿元、发行利率4.89%。

3月3日，诺斯（上海）融资租赁有限公司发行"华福—世贸诺斯租赁第一期资产支持专项计划"，发行规模5.72亿元。

3月3日，在北京市2016年融资租赁行业数据发布现场，北京市租赁行业协会会长张巨光称，北京融资租赁资产规模增长24.7%。

3月3日，农行全球统一授信管控中心（G3C）与农银金融租赁有限公司完成业务系统对接，双方通过系统联动可以实现客户授信额度实时刚性管控。

3月4日，交银金融租赁有限责任公司增资5亿元获上海银监局批复。

3 月 5 日，国务院总理李克强在《政府工作报告》中指出，2017 年要高标准高水平建设 11 个自贸试验区，全面推广成熟经验。这意味着，第三批 7 个自贸试验区将进入建设阶段。

3 月 5 日，2017 年融资租赁执业经纪人从业考试在沪举行。考试科目分为两门，经纪公共科目和融资租赁专业科目，考试地点为上海市工商行政管理局干部学校。

3 月 7 日，河北省金融租赁有限公司发行"冀租稳健 2017 年第一期租赁资产支持证券"，发行规模 15.1 亿元，其中优先级 11.18 亿元、发行利率 4.9%。

3 月 8 日，国际三大评级机构之一的惠誉评级公司正式上调远东宏信有限公司国际独立评级。调整后，远东宏信有限公司国际独立评级由 BB+ 上调至 BBB-，评级展望为稳定。

3 月 9 日，兴业金融租赁有限责任公司发行"2017 年第一期金融债券"，发行规模 5 亿元，期限 3 年，发行利率 4.5%。

3 月 10 日，陕鼓动力发布公告，长安银行股份有限公司为主发起人拟与陕鼓动力等其他发起人共同投资设立长银金融租赁股份有限公司(暂定名)。长银金融租赁公司拟注册资本 20 亿元，公司拟以自有资金 4.98 亿元投资入股，持股比例 24.9%。

3 月 12 日，西藏金融租赁公司组织了"探索新能源汽车配套的融资租赁模式"主题交流会。此次交流会邀请了原就职于建元资本、福田汽车金融服务公司，现任陕西金控集团恒通融资租赁有限公司总裁唐行，以及副总裁贾向亮、林书等同业以及汽车租赁行业等的专家，围绕新能源汽车金融服务特别是融资租赁配套服务方式展开了重点探讨与交流。

3 月 13 日，中国（广东）自由贸易试验区深圳前海蛇口片区管理委员会发布《关于领取融资租赁企业管理信息系统 U 盾的通知》，要求 2016 年 4 月 25 日前成立的融资租赁企业尽快至前海 e 站通服务大厅领取 U 盾，明确指出不领取 U 盾及不进行申报的企业，将被列入失信企业名单。

3 月 14 日，交银金融租赁有限公司发行 3 年/5 年/10 年期美元债券，初始指导价（IPT）分别为 T3+160bps、T5+170bps 及 T10+200bps 区域。

3 月 15 日，由厦门农商银行主发起成立的厦门金融租赁有限公司获中国银监会批准筹建，成为厦门首家法人金融租赁公司、首家总部位于福建自贸试验区内的金融租赁公司。

3 月 16 日，为推动天津融资租赁业创新发展，市商务委张爱国主任主持召开了融资租赁业创新发展座谈会。主管内资和外资租赁的李宏副主任、高丽娟副巡视员和流通处、外管处有关人员参加了会议，市租赁行业协会及 8 家内外资融资租赁企业参加了座谈会，推出九条措施推动融资租赁创新发展。

3 月 16 日，山东华宸融资租赁股份有限公司于青岛西海岸新区正式成立，注册资本 10 亿元。这是山东省首家专业服务于海洋工程领域的融资租赁公司，也是青岛西海岸新区目前规模最大的融资租赁公司。

3 月 20 日，皖江金融租赁股份有限公司发行"2017 年第一期金融债券"，发行规模 14 亿元，期限 3 年，票面利率 5.49%。

3 月 22 日，瓜子融资租赁（中国）有限公司落户天津开发区。其注册资本 3000 万美元，法人代表为瓜子二手车直卖网的创始人兼首席执行官（CEO）杨浩涌。

3 月 22 日，重庆鈊渝金融租赁获开业批复。

3 月 24 日，天津东疆保税港区委员会、融资租赁三十人论坛（天津）研究院在天津东疆保税港区发布了《中国融资租赁行业 2016 年度报告》。当天，双方还联合主办了"租赁业起飞新趋势、新机遇"春季研讨会。

3 月 24 日，民生金融租赁股份有限公司董事长周巍在《中国融资租赁行业 2016 年度报告》发布会上表示，目前中国租赁业面临非常大的发展机遇，包括供给侧结构性改革、"一带一路"建设以及传统产业价值重构等。

3 月 24 日，中央深改组会议审议通过《全面深化中国（上海）自由贸易试验区改革开放方案》。业内人士表示，上海自贸试验区的新一轮改革，是在中国自贸区战略迎来发展新格局之际展开的，对自贸区改革具有引领和风向作用。

3 月 29 日，安徽德润融资租赁股份有限公司上市母公司新力金融收到的安徽证监局《行政监管措施决定书》中指出，截至 2016 年 6 月底，安徽德润租赁对两家房地产公司的融资租赁应收款逾期，且并未进行坏账计提准备。

3 月 30 日，国务院印发《中国（辽宁、浙江、河南、湖北、重庆、四川、陕西)自由贸易试验区总体方案》,第三批自贸区名单正式揭晓。随着第三批 7 家自贸区同时挂牌，我国自贸区建设形成"1+3+7"的新格局。

3 月 31 日，国务院新闻办新闻发布厅举行新闻发布会，请商务部副部长王受文和辽宁、上海、浙江、河南、湖北、重庆、四川、陕西等 8 省市负责人介绍自由贸易试验区建设有关情况，并答记者问。

4 月 1 日，中国（四川）自由贸易试验区挂牌仪式在成都市天府新区举行。经批准的四川自贸试验区，涵盖成都天府新区片区、成都青白江铁路港片区、川南临港片区，共 119.99 平方公里。

4 月 1 日，中国（湖北）自由贸易试验区等 7 家第三批自贸区正式挂牌。东湖高新区召开新闻发布会，东湖高新区管委会主任张文彤发布《武汉东湖新技术开发区关于推动国际化发展的实施意见》,即光谷"开放十条"。

4 月 6 日，从上海融资租赁交易所获悉，我国首家互联网融资租赁出租方与承租方交易平台——上海融资租赁交易所，在上海自贸区陆家嘴金融城上线试运营，又一新金融要素市场雏形在上海形成。

4 月 8 日，郑州市政府官方网站发布《郑州市人民政府办公厅关于加快金融租赁行业发展的实施意见》,对符合资金补助条件的金融租赁公司购买自用办公用房，给予最多不超过 500 万元的补贴。

4 月 17 日，由中国航天科工集团公司发起设立的航天科工金融租赁有限公司正式获批开业，这是全国首家航天央企控股的金融租赁公司。航天金租注册资本 30 亿元，是继光大金融租赁股份有限公司、湖北金融租赁股份有限公司之后，湖北省第三家获批成立的金融租赁公司。

4 月 18 日，在广东省融资租赁协会举办的会议上，风控专业委员会正式成立。广东省融资租赁协会执行会长侯建雄称，目前据其所知，这是国内首家融资租赁协会成立的风控专业委员会。

4 月 18 日，狮桥融资租赁（中国）有限公司发行"狮桥六期资产支持专项计划"，发行规模 9 亿元，其中优先级 7.9 亿元、发行利率 5.19%。

4 月 21 日，天津自由贸易试验区迎来挂牌两周年。天津自贸试验区挂牌以来，新增租赁公司 1208 家（含金融租赁公司 1 家，内外资融资租赁公司 671 家，单一项目公司 481 家，其他租赁公司和分公司 55 家），累计注册资本达 2276.8 亿元。

4 月 24 日，武汉国家航天产业基地正式开建，标志着航天产业基地建设迈出实质性步伐。

4 月 24 日，"4·24"中国航天日主题活动——商业助推产业发展，航天创造美好生活暨航天科工金融租赁有限公司正式揭牌仪式在武汉东湖国际会议中心隆重举行。航天科工金融租赁有限公司获银行授信 530 亿元，签订业务合作规模 34 亿元。

4 月 24 日，航天科工金融租赁有限公司（简称"航天金租"）开业运营。航天金租由航天科工系统的中国航天科工集团有限公司、中国航天三江集团有限公司、航天科工财务有限责任公司联合汉口银行股份有限公司、湖北省农业机械总公司、湖北省宏泰国有资本投资运营集团有限公司等 6 家央企、地方国企、金融机构共同设立，注册资本 30 亿元，总部位于湖北武汉。

4 月 25 日，中央政治局集体学习"维护国家金融安全"，把维护金融安全作为治国理政的一件大事，提出 6 大任务：深化金融改革、加强金融监管、采取措施处置风险点、为实体经济发展创造良好金融环境、提高领导干部金融工作能力、加强党对金融工作的领导。

4 月 27 日，上海市政府正式对外发布了《关于进一步扩大开放加快构建开放型经济新体制的若干意见》，目标明确，意在进一步扩大开放、进一步创造公平竞争的环境、进一步加强吸引外资工作。

5月2日，商务部组织各地开展融资租赁行业风险排查工作，排查对象为所有内资融资租赁试点企业和外商投资融资租赁企业。重点排查内容包括：是否存在直接从事或参与吸收或变相吸收公众存款等行为；是否未经相关部门批准，从事同业拆借、股权投资等业务；是否存在虚构租赁物、以不符合法律规定的标的为租赁物、未实际取得租赁物所有权或租赁物合同价值与实际价值明显不符、以融资租赁为名义实际从事资金融通业务甚至变相发放贷款的行为等。

5月7日，北京企业法治研究会融资租赁研究中心租赁助力军民融合课题组正式成立，争取开发出真正意义上易操作的军民融合租赁产品，完成军民融合从国家的顶层设计到业界的落地实践的全过程。

5月8日，工信部办公厅发布通知称，为推进落实国务院有关缓解企业融资成本高的政策措施，及时准确把握小微企业融资成本水平、成本构成等情况，分析小微企业融资贵的主要原因，工信部将开展小微企业融资成本专题调研。

5月9日，"2017 远东一期资产支持专项计划"公告成立，项目发行总规模为 35.6 亿元，并可在上海证券交易所挂牌转让。其中优先 A 级规模 30.6 亿元，发行利率 5.3%；优先 B 级规模 2.91 亿元，发行利率 6.5%；次级规模 2.09 亿元。

5月9日，以深圳为基地、向中国企业提供基于设备融资租赁和商业保理金融服务的富银融资租赁，收到我国香港联交所原则上同意上市的函，并于次日公开发售，5月15日停止并定价。

5月11日，厦门自贸片区内企业厦门金圆融资租赁有限公司与福建省马尾造船股份有限公司签署海工船售后回租合同，项目金额 1 亿元。

5月12日，航天科工金融租赁有限公司完成第一笔业务投放。航天科工金融租赁有限公司（出租人）与宜宾丝丽雅股份有限公司（承租人）订立售后回租合同，承租人通过出售机器设备、工艺管道等租赁资产并租回，融资金额 2 亿元，期限 4 年。

5月15日，武汉光谷融资租赁有限公司成功办理了湖北省首笔航空租赁业务，向空客公司采购了一架 H125 直升机并租赁给上海中瑞通用航空有限公司使用。

5 月 16 日,2017 年 3 月融资租赁执业经纪人从业考试成绩揭晓,共 59 人通过考试,考生分别来自全国 16 个省市。

5 月 16 日,第三届中国海事金融(东疆)国际论坛举行。天津东疆保税港区管委会主任沈蕾称,仅仅在 2016 年一年中,就有将近 700 家租赁公司落户东疆。截至 2017 年 5 月,东疆已经累计审批了 2200 多家融资租赁公司,注册资本达到 2800 多亿元,总资产规模达到 7000 多亿元。

5 月 17 日,"2017 中国(昆山)品牌产品进口交易会"在江苏省昆山市开幕。江苏省委书记李强到现场考察调研。

5 月 17 日至 6 月 30 日,湖北省商务厅组织有关商务主管部门开展融资租赁行业风险排查工作。

5 月 18 日,厦门市金融工作办公室、厦门市财政局发布《关于申报 2017 年度融资租赁补助资金的通知》,在厦门市注册登记的、具有独立法人资格的融资租赁公司均可申报补助资金。资金支持分两种方式进行:一是融资租赁公司购入设备并被厦门市民营、中小微企业租赁使用的,按照租赁合同及发票金额的 5‰给予奖励,单一企业单笔业务奖励金额不超过 20 万元,总奖励金额不超过 200 万元;二是融资租赁公司购入厦门市地产设备开展业务的,按照租赁合同及发票金额的 6‰给予奖励,单一企业单笔业务奖励金额不超过 30 万元,总奖励金额不超过 300 万元。

5 月 19 日,落户厦门自贸片区尚未"满月"的平强工程机械租赁有限公司拿下了"大单"——价值 5000 万元的工程机械设备融资租赁业务,这也是厦门自贸片区首批大型设备融资租赁业务。

5 月 21 日,由上海财经大学、爱丁堡大学等单位联合主办的"2017·绿色金融国际论坛"在沪举行。恒鑫金融租赁总裁张利钧应邀出席论坛,并在下午业界专场"碳金融、绿色金融产品与绿色金融服务"分论坛上作为特邀嘉宾发言,与来自海内外政界、学术界、金融界的精英们交流分享恒鑫金融租赁在绿色金融方面的理念、商业模式以及业务实践。

5 月 23 日，四川银监局印发《关于四川银行业支持中国（四川）自由贸易试验区建设的指导意见》，明确金融租赁公司要以自贸试验区产业政策为导向，积极在传统制造业、农业机械、医药教育、战略性新兴产业及基础设施领域开展租赁业务。鼓励金融租赁公司开拓国际市场，积极开展境外租赁业务等。

5 月 23 日，宁波杉杉股份有限公司控股子公司富银融资租赁正式在香港上市。

5 月 25 日，农业部办公厅印发《关于充分发挥农业政策性金融作用合力推进农垦改革发展的意见》，指出要积极开展投融资模式创新和金融服务产品创新，大胆探索，强化设计，试点先行，切实解决垦区发展融资难题，并具体提出四大创新融资模式。

5 月 28 日，财政部发布了《关于坚决制止地方以政府购买服务名义违法违规融资的通知》（财预〔2017〕87 号），严禁地方政府将铁路、公路、机场等基础设施建设作为政府购买服务项目，不得通过政府购买服务向金融机构、融资租赁公司等非金融机构进行融资，并指出一些地区违法违规扩大政府购买服务范围、超越管理权限延长购买服务期限。文件一经发出，即在业内引起比较大的反响，很多融资租赁公司与政府平台合作的项目即 PPP 项目受到影响。

5 月 31 日，中国民生投资股份有限公司与武汉市签署战略合作框架协议，计划 5 年力争投资 1000 亿元，在武汉设立华中总部，并在装配式建筑、港口物流、居家养老、社区物业、通航旅游、产城融合等 9 大领域进行合作。

5 月 31 日，广州南沙开发区（自贸试验区）推出"1+1+10"产业政策体系，包括 1 个纲领性文件、1 个产业发展资金管理办法和 10 个产业政策。

5 月 31 日至 6 月 2 日，中国外商投资企业协会租赁业工作委员会、浙江省租赁行业协会、安徽省融资租赁行业协会、广州融资租赁产业联盟共同组织 19 家融资租赁公司代表赴澳门进行为期 3 天的考察。

6 月 1 日，注册在天津东疆保税港区的一汽租赁有限公司完成增资，将注册资金增至 5 亿元。一汽租赁由一汽资本有限公司全资设立，于 2016 年 7 月取得内资租赁试点企业资质，在全国范围内从事汽车融资租赁业务，迄今已实现租赁合同金额 24 亿元。

6 月 1 日，中国民生投资股份有限公司旗下中民国际融资租赁股份有限公司在银行间债券市场成功发行了首期资产支持票据（ABN）。

6 月 1 日，为促进汽车租赁业健康发展，交通运输部会同住房和城乡建设部研究起草了《关于促进汽车租赁业健康发展的指导意见（征求意见稿）》，向社会公开征求意见，为期两周。

6 月 2 日，广东粤电融资租赁公司银行授信和首批项目签约会在广州召开。开业当天，粤电融资租赁公司即与中国工商银行、中国农业银行、中国银行、中国建设银行、澳门国际银行和粤电财务公司 6 家金融机构签订了授信合作协议，首次授信规模达 100 亿元。在会议现场，公司还与粤电开发公司、粤电贵州公司和粤黔公司签订了规模超过 10 亿元的融资租赁业务合作协议。

6 月 3 日，中建投租赁股份有限公司披露招股说明书申报稿，拟于上交所公开发行不超过 6.67 亿股股票，本次发行不涉及老股转让，发行后总股本不超过 33.35 亿股。

6 月 5 日，中国船舶重工集团公司与河北清华发展研究院、工银租赁有限公司签署了《新能源投资业务战略合作备忘录》。本次合作立足雄安新区发展新能源产业，以新能源汽车的城市运营为切入点，推进其他后续相关产业落地发展。

6 月 6 日，广东粤财金融租赁股份有限公司收到广东省银监局的开业批复文件（粤银监复〔2017〕135 号），成为广东省首家省属金融租赁公司，注册资本 10 亿元。

6 月 6 日，潞安国际融资租赁有限公司在深圳正式挂牌成立，注册资本 5 亿元。

6 月 6 日，中建投租赁股份有限公司发布公告称，将启动发行 2017 年度第三期超短期融资券，本期债券注册发行金额 25 亿元，本期发行金额 4 亿元，发行期限 270 天。

6 月 6 日，商务部、税务总局联合发布了《关于辽宁等 7 个自由贸易试验区内资租赁企业从事融资租赁业务有关问题的通知》。文件中将辽宁、浙江、河南、湖北、重庆、四川、陕西自由贸易试验区内的内资租赁企业融资租赁业务试点的确认工作委托给各自贸区所在的省、直辖市、计划单列市级商务主管部门和国家税务局。

6月7日，中国银监会批复光大银行关于向光大金融租赁股份有限公司增资的请示，同意光大银行以自有资金向光大金融租赁股份有限公司增资19.8亿元。

6月7日，国务院总理李克强主持召开国务院常务会议，决定推出新的降费措施，要求兑现全年为企业减负万亿元的承诺。其中，暂免征银行业和保险业监管费。

6月8日，我国香港关于飞机融资及租赁业务的新税制拟正式通过。按照新制度，飞机租赁企业在香港设立平台的实际所得税率，将由原来的34%下降至6.5%以内。这将低于目前全球主要飞机租赁枢纽国家和地区的税率。

6月13日，中民投旗下中民国际融资租赁股份有限公司与上海正阳集团在北京签署全方位战略合作暨100架直升机采购协议。

6月13日，光大金融租赁股份有限公司与中国商用飞机有限责任公司在北京签署30架C919大型客机购买框架协议。截至6月初，C919大型客机国内外用户达到24家，订单总数达到600架。

6月13日，重庆市政府公众信息网公布了市政府办公厅下发的《关于加强融资平台公司管理有关工作的通知》。

6月13日，北京市商务委员会等12个部门发布了《关于印发〈关于加快融资租赁业发展的实施意见〉的通知》（京商务交字〔2017〕121号）。这是北京市落实国务院办公厅《关于加快融资租赁业发展的指导意见》（国办发〔2015〕68号）的重要举措。其中指出，未来北京市将支持有条件的行政区域设立融资（金融）租赁聚集区，鼓励出台区域性支持融资（金融）租赁公司发展的相关配套政策；支持天竺综保区开展飞机租赁等业务；加快培育一批骨干企业。

6月13日，天津市第五批内资融资租赁试点8家企业获确认，东疆7家企业上榜。这7家企业具体是陇易通国际租赁（天津）有限公司、天津露笑租赁有限公司、国元汇富融资租赁有限公司、环宇租赁

（天津）有限公司、芯鑫融资租赁（天津）有限责任公司、正奇租赁（天津）有限公司、中鼎泰成租赁（天津）有限公司。

6月16日，湖北省自贸办举办首场中国（湖北）自由贸易试验区政策说明会，组织省商务厅、省工商局、武汉海关、省国税局详细说明支持湖北自贸区建设的政策措施，帮助企业用好用活自贸区政策。

6月16日，深圳农商行控股的前海兴邦金融租赁有限责任公司正式开业，注册资本15亿元。

6月17日，北京企业法治与发展研究会融资租赁研究中心租赁助力军民融合课题组第二次会议在京举行。此次会议是根据第一次会议精神，由地方与部队专家分别依据自己熟悉的领域，对租赁助力军民融合的可行性、交易方式、历史传承、国内外发展经验进行头脑风暴式可行性与可操作性设想，首次进行互动与交流。

6月18日，在湖北自贸区政策说明会上，省商务厅厅长邱丽新介绍，自贸区支持创新发展融资租赁业务，支持融资租赁企业在湖北自贸区设立地区总部或项目子公司，在飞机、船舶、工程机械等领域，培育一批具有国际竞争力的融资租赁企业，并鼓励相关企业通过融资租赁的方式引进国外先进设备。

6月19日，西藏金融租赁和波音公司在"2017巴黎航展"上签署了一项购买20架737MAX的谅解备忘录，其中包含了737MAX 10和737MAX 8，目录价格总价值约为25亿美元。

6月19日，全球最大航展——2017巴黎航展在布尔歇机场开幕，共有46个国家和地区的2400多家企业参加，一共130架各种型号的飞机登场亮相。

6月20日，中共中央总书记、国家主席、中央军委主席、中央军民融合发展委员会主任习近平主持召开中央军民融合发展委员会第一次全体会议并发表重要讲话。军民融合发展被定为国家战略。

6月23日，联合信用评级有限公司和联合资信评估有限公司近日先后发布了渤海金控跟踪评级公告，渤海金控公司主体长期信用评级及公司在深圳证券交易所发行的"13渤租债""15渤租01"和"15渤租02"均获AAA评级，公司在银行间市场发行的短期融资券"17

渤海金控 CP001"债项信用等级为 A-1。

6 月 23 日，为了进一步拓展公司业务领域，提升公司核心竞争力，增强公司金融板块的未来盈利能力和可持续发展能力，充分利用天津自贸区开放式的平台面向国内外较广阔的市场，并享受优惠政策的优势，渤海轮渡拟与渤海轮渡（香港）租赁有限公司（拟设立）在天津自贸区设立合资的外商投资融资租赁公司，暂定名渤海轮渡融资租赁有限公司。

6 月 26 日，宏华集团发布公告称，四川宏华与航天金租及深圳宏华订立协议。航天金租同意向四川宏华购买 6 套顶驱钻机系统，总代价 3322 万元，其中 830.5 万元由深圳宏华支付，另 2491.5 万元由航天金租于深圳宏华付款后支付。同日，深圳宏华与航天金租订立融资租赁协议。据此，航天金租将向深圳宏华出租该套设备，期限 5 年，租赁代价总值为 3725.25 万元，包括首期付款 830.5 万元。本金额及租赁利息将由深圳宏华分期 20 期按季支付。

6 月 26 日，中国人民银行、国家发展改革委等发布通知，印发浙赣粤黔多省市绿色金融改革创新试验区总体方案，各试验区方案均提及构建绿色金融组织体系、加快绿色金融产品和服务方式创新、拓宽绿色产业融资渠道、发展绿色保险、构建绿色金融风险防范化解机制等。

6 月 27 日，海通证券发布公告称，就建议分拆海通恒信（旗下融资租赁业务）于香港联合交易所主板独立上市，已收到中证监《行政许可申请受理通知书》。

6 月 27 日，天津市商务委和天津市租赁行业协会共同举办 2017 年首次融资租赁企业与天津市投资建设项目对接会，共有 57 家融资租赁公司与 36 个项目进行了匹配对接。

6 月 28 日，我国香港《2017 年税务（修订）（第 2 号）条例草案》的修正案于立法会通过，这意味着针对香港飞机租赁业务的专门税务制度将在宪报刊登后生效。据此，香港利得税税率由 16.5% 减至 8.25%。

6 月 29 日，天津市租赁行业协会第三届会员大会在津召开。会议听取并审议了杨海田会长代表第二届理事会所做的工作报告，审议通过了财务收支报告、协会章程、会费管理办法以及内部管理制度的修订意见，开始换届工作。

6 月 30 日，由上海市租赁行业协会主办、全国各省市十多家融资租赁行业协会共同参与协办的"2017 融资租赁创新与发展高峰论坛"在上海世博展览馆开幕。论坛对上海市租赁行业协会下设的能源、汽车、健康医疗、综合服务和法律等 7 个专委会进行授牌，鼓励专委会在上海市租赁业发展中发挥更大的作用，并根据行业发展特点和市场热点开展相关主题演讲和三个分论坛。

6 月 30 日，航天科工金融租赁有限公司完成了对中国航天科工集团公司旗下湖南航天磁电有限责任公司 3322 万元高技术新生产线设备的直接租赁业务投放，并按经营租赁进行会计核算，租期 5 年。

6 月 30 日，中国租赁蓝皮书——《2016 年中国融资租赁业发展报告》由南开大学出版社正式出版发行。该书分综述、分述、政策法规、2016 年行业大事记、企业排行榜 5 个部分，每本定价 68 元。中国租赁联盟和天津滨海融资租赁研究院委托天津市租赁行业协会组织发放。

6 月 30 日，渤海金控自有、管理及订单飞机合计达到 950 架，已成为仅次于荷兰爱尔开普飞机租赁公司（AerCap）、通用电气子公司（GECAS）的全球第三大飞机租赁公司。

7 月 1 日，广东省政府和我国香港、澳门特区政府签署《深化粤港澳合作推进大湾区建设协议》，重点提到把广州南沙打造成为重大粤港澳合作的平台。南沙建设上升到国家战略的层面。

7 月 5 日，中国首届跨境融资租赁暨飞机租赁论坛在北京顺义举行。据悉，两年内将有 20 架保税租赁飞机落户顺义天竺综合保税区，届时国航、中联航、东航等将再添租赁飞机。

7 月 6 日至 7 日，空军武汉基地、民航中南管理局在武汉开发区分别组织中部战区空军所属部队、民航专家和民航相关单位代表，召开武汉汉南通用机场空域协调会和机场飞行程序竣工设计军民航审查会。

7 月 7 日，由甘肃省民航机场集团有限公司投资成立的陇易通（天津）国际租赁有限公司获得天津市第五批内资融资租赁试点批复。陇易通租赁成为全国首家机场租赁公司。

7月9日，武汉自贸片区已有两家商业保理公司通过名称预核准，正在进行注册，当月即可成立。这标志着湖北有了自己的商业保理公司，自贸区探索发展商业保理业务迈开实质性步伐。

7月10日，由浙江大学经济学院、浙江大学金融研究院、浙江大学融资租赁研究中心联合主办的中国金融改革与融资租赁业发展论坛暨浙江大学（经济学院、金融研究院）融资租赁研究中心成立仪式在浙大紫金港校区成功举办。论坛汇聚了我国租赁行业的近300名企业领导、专家学者。

7月11日，财政部公布《关于建筑服务等营改增试点政策的通知》（财税〔2017〕58号），对营改增试点期间金融机构开展贴现、转贴现等业务进行政策补充。

7月13日，湖北省商务厅等部门发布通知，就湖北自贸区内资融资租赁试点企业申报条件、所需材料、工作流程等有关方面做出规定。

7月14日至15日，五年一次的全国金融工作会议召开。会议决定设立国务院金融稳定发展委员会，强化宏观审慎和系统性风险防范责任。会议强调：①防范金融风险，强调金融要回归本源，要以强化监管为重点、以防范系统风险为底线。增强金融监管协调的权威性、有效性，强化金融监管的专业性、统一性、穿透性，所有金融业务都要纳入监管，及时有效识别和化解风险。②强化监管问责，监管"长牙齿"，明确提出"有风险没有及时发现是失职、发现风险没有及时提示和处置是渎职"，形成敢于监管、严格问责的严肃监管氛围。③把国企降杠杆作为重中之重，进一步严控地方政府举债，终身问责，倒查责任。

7月20日，金融租赁服务长江经济带战略联盟成立暨合作协议签约仪式在上海国际会议中心成功举行。推动长江经济带发展领导小组办公室副主任、国家发展改革委副主任胡祖才出席仪式，并见证联盟与长江经济带域内11家省市发改委《战略合作协议》的签署。协议初步达成3000亿元租赁合作意向。

7月24日，中共中央政治局召开会议，分析研究当前经济形势，部署下半年经济工作。会议认为，2017 年以来，面对复杂多变的国内外形势，各地区各部门按照中央经济工作会议部署，坚持稳中求进工作总基调，贯彻落实新发展理念，以推进供给侧结构性改革为主线，有效推进各项工作，保持了经济发展稳中向好态势。会议提出"整治金融乱象"，加强金融监管协调，提高金融服务实体经济的效率和水平。中共中央总书记习近平主持会议。

7 月 24 日，中国东方航空集团旗下租赁公司——东航国际融资租赁有限公司在美国西雅图向深圳航空有限责任公司成功交付一架波音 B737-87L 飞机。

7 月 24 日，进出口银行湖北省分行行长张劭辉、副行长周亮球一行到国创资本旗下武汉光谷融资租赁有限公司调研。

7 月 31 日，新三板公司皖江金租披露 2017 年半年报。该报告显示，2017 年 1 月至 6 月，公司实现营业收入 14.89 亿元，同比增长 28.01%；实现净利润 3.05 亿元，同比增长 30.11%。

7 月 31 日至 8 月 1 日，福建省政协副主席、医改领导小组副组长李红带领省医改办等部门调研时指出，三明市医改要瞄准医疗设备融资租赁服务。

8 月 1 日，中电投融和融资租赁有限公司"2017 年度第一期绿色资产支持票据（ABN）"在中国银行间市场交易商协会成功注册，由中国光大银行主承销，注册金额 24.84 亿元，优先 A1-A3 级评级均为 AAA。

8 月 2 日，佛山举办首届推动机器人应用暨智能化技术改造现场会。会议正式发布《佛山市推动机器人应用及产业发展扶持方案（2018—2020 年）（征求意见稿）》，拟首次出台政策扶持以融资租赁方式购置机器人。同时，对于无论是企业以自有资金购买机器人，还是机器人企业突破重大技术等，均给予多种扶持办法，且最高可一次性奖励 800 万元。

8 月 2 日，财政部印发了《关于试点发展项目收益与融资自求平衡的地方政府专项债券品种的通知》（财预〔2017〕89 号），指出严格执行法定限额管理，地方政府专项债务余额不得突破专项债务限额。

各地试点发行专项债券规模，应当在国务院批准的本地区专项债务限额内统筹安排，包括当年新增专项债务限额、上年末专项债务余额低于限额的部分。

8月7日，广州市商务委、金融局、财政局联合发布融资租赁产业发展事项扶持项目的申报通知，对近一年内落户增资的融资租赁企业，最高奖励1000万元；对飞机船舶租赁项目，给予最高50万元补贴；除飞机船舶租赁外的项目，给予最高500万元补贴。目前，南沙已成为融资租赁企业的聚集地，南沙融资租赁企业数量占广州融资租赁企业数量的七成。

8月9日，湖北省商务厅联合湖北省国税局在武汉举办"中国（湖北）自贸试验区申报内资融资租赁试点企业工作程序培训及发布会"。湖北自贸区武汉、宜昌、襄樊片区，湖北省武汉、宜昌、襄樊等地市的商务局和国税局相关职能部门以及相关企业参加了会议，湖北省融资租赁行业协会也组织省内多家融资租赁企业和机构参加了会议。

8月9日，中国领先的民营投资集团中民投旗下中民投租赁集团联合陕西荣民集团和新加坡太平船务，在陕西西安国际港务区成立中民投国际物流融资租赁有限公司，注册资本30亿元。

8月10日，湖北自贸区第三期政策说明会召开，最新湖北自贸区融资租赁试点企业申报程序已出台，正在加大推介力度，有望吸引企业加速聚集自贸区，形成服务实体企业、方便企业进出口的新业态。

8月11日，山东易通发展集团有限公司融资租赁项目易通租赁（天津）有限公司正式落户天津东疆保税港区，注册资本10亿元。山东易通发展集团有限公司隶属于山东省商业集团有限公司，该项目是鲁商集团首次与天津东疆保税港区开展合作。

8月12日，由甘肃省公航旅集团旗下金融资本管理有限公司出资设立的甘肃公航旅融资租赁有限公司正式开业运营。

8月17日，平安租赁（天津）与北京时代光影文化传媒股份有限公司、西安曲江春天融和影视文化有限责任公司合作，借助天津东疆保税港区租赁综合创新服务平台，实现了天津首单文化类无形资产融资租赁创新业务，项目金额合计5390万元。

8 月 19 日，北方新金融研究院（NFI）发布了《雄安新区绿色金融规划报告》（以下简称《报告》）。在国家战略背景下，《报告》成为雄安新区发展规划出台后，制定绿色金融发展规划的前期研究基础。

8 月 23 日，远东宏信有限公司 2017 年中期业绩发布会在香港召开，公布了公司截至 2017 年 6 月 30 日的中期业绩。

8 月 25 日，天津市商务委、天津市国税局确认 9 家企业为天津自贸试验区第六批内资融资租赁试点企业。其中，神州高铁在天津投资设立的神铁租赁(天津)有限公司通过审核，被天津市商务委与国税局认定为天津自贸试验区第六批内资融资租赁试点企业。

8 月 29 日，济南融资租赁暨保理协会第一届会员大会在龙奥大厦召开，市商务局、市投资促进局、市金融办、高新区管委会、济南外商投资企业协会等部门和单位领导出席大会，33 家会员单位参加会议。会上，济南融资租赁暨保理协会正式成立，落户高新区汉峪金谷新金融大厦。

8 月 31 日，渤海金控发布公告称，拟非公开发行 80 亿元优先股，扣除发行费用后的募集资金净额将用于补充公司租赁业务所需运营资金。

9 月 4 日，中国租赁联盟召集人杨海田、上海突出贡献专家协会主任委员俞开琪在上海与世界租赁大师阿曼波就发起组建国际租赁联盟事宜进行商谈。

9 月 7 日，从中国（辽宁）自贸试验区沈阳片区管委会、沈阳市服务业委、沈阳市金融办共同组织召开的融资租赁培训会议上获悉，沈阳片区已新注册融资租赁企业 66 家。

9 月 7 日，由浙江省舟山市普陀区人民政府、舟山市商务局、舟山群岛新区航空产业园管委会联合举办的中国（浙江）自贸试验区普陀片区融资租赁产业大会举行。来自浙江、天津、上海等地的租赁行业协会，以及工银金租、交银金租、渤海租赁、民生金租、华融金租、浙江稠州金租、中国长城工业、中国航天工业、中国银河证券、复旦大学证券研究所等 100 多家机构的负责人齐聚普陀，共襄自贸试验区普陀片区融资租赁业的发展。

9 月 8 日，在第二届丝绸之路工商领导人（西安）峰会上，丝绸之路跨境融资租赁联盟正式启动，将进一步满足"一带一路"沿线国家及企业的融资租赁需求，助力国际经贸快速发展。

9 月 11 日至 13 日，"2017（第四届）全球租赁业竞争力论坛"在天津举行。本次论坛由新金融联盟、阿曼波&哈勒戴公司等联合主办，论坛主题为"新监管与新机遇：租赁业进化论"，国内外专家、企业家等约 300 人参加了论坛。

9 月 14 日，以"创新融合、协同发展"为主题的第四届中国天津国际直升机博览会在天津滨海新区开幕。本届直博会以专业化和国际化为特色，吸引了来自全球 22 个国家和地区的 403 家企业参展。

9 月 16 日，江苏省委办公厅、省人民政府办公厅共同印发《江苏省省级承担行政职能事业单位改革实施方案》，明确提出将省政府金融办公室由省政府直属事业单位调整为省政府直属机构，规格为正厅级，并同时加挂省地方金融监督管理局牌子。

9 月 19 日，2017 国际航联世界飞行者大会（WFE）（中国·武汉）招商招展发布会在北京举行。国家体育总局航管中心、中国航空运动协会、武汉经开区通航及卫星产业园管理办公室、中航文化有限责任公司、第一通航传媒科技（北京）有限公司等相关单位领导出席发布会。

9 月 19 日，中国商飞公司在第 17 届北京国际航展上宣布，国产大型喷气式客机 C919 获得了来自 4 家航空租赁公司签订的总数 130 架的新订单。至此，C919 的总订单数增加到了 730 架。

9 月 22 日，一架全新的空客 A320 客机从德国汉堡飞抵天津滨海国际机场。这是天津东疆保税港区以租赁形式引进的第 1000 架飞机。天津东疆保税港区也成为全球继爱尔兰之后拥有飞机资产最多、世界第二大的飞机租赁聚集地。

9 月 23 日，南开大学、天津商业大学、西安财经学院、福州江夏学院和福州外语外贸学院 5 所高校聚会福州，在福州外语外贸学院召开中国融资租赁业发展和行业教育研讨会。会议商定，由已经开展或即将开展租赁行业教育的 5 所高校，联合发起组建中国国际租赁教育联盟。

9 月 23 日，"中国绿色租赁发展共同体高峰论坛"在中国金融信息中心举行。本次高峰论坛由陆家嘴金融城发展局、中国金融学会绿色金融专业委员会、北京市租赁行业协会指导，由新华社中国金融信息中心、中欧陆家嘴国际金融研究院、中国首席经济学家研究院、国银金融租赁股份有限公司、兴业金融租赁有限公司、中信金融租赁有限公司和恒鑫金融租赁股份有限公司联合主办，陆家嘴绿色金融发展中心、协鑫金融（集团）控股有限公司协办。

9 月 23 日，在上海召开的中国绿色租赁发展共同体高峰论坛上，由中信金融租赁有限公司、国银租赁、兴业金融租赁和恒鑫金融租赁等租赁公司发起的"中国绿色租赁发展共同体"正式成立，旨在推动共同体成员在绿色租赁业务领域的合作交流，打造产融一体生态圈。这标志着"绿色租赁"首次由个别企业的自发探索全面升级为行业的共识和行动，拉开了中国绿色金融租赁发展的崭新序幕。

9 月 26 日，浦东新区融资租赁产业发展专题会召开，保税区管委会、上海海关、浦东新区财政局、商务委、金融局、税务局、陆家嘴管理局、外高桥集团、外资协会等单位负责人出席。

9 月 29 日，银监会及工商信息显示，中煤科工金融租赁股份有限公司在天津银监局领取金融许可证，并于次日完成工商登记注册。这是 2017 年初以来第 8 家开业的金融租赁公司。

10 月 10 日，为促进融资租赁企业在广西集聚和发展，发挥融资租赁支持区内企业融资发展的重要作用，自治区本级财政贯彻落实新政策，分别拨付广西融资租赁有限公司、北部湾金融租赁有限公司融资租赁业务财政补贴资金 500 万元、179 万元，支持两家公司 2016 年度为区内 32 家企业提供 15.1 亿元融资。

10 月 10 日，深圳召开全市金融工作会议，决定在市金融办加挂地方金融监管局牌子。

10 月 11 日，武汉光谷融资租赁有限公司成功发行首期 ABS。这是湖北自贸区首单 ABS，也是湖北省融资租赁行业首单 ABS。本次ABS 的成功发行也是武汉国创资本集团直接融资的突破。此次 ABS

发行规模为 10.01 亿元，其中 AAA 级占比 35%，AA+及以上占比超过 50%，加权平均票面利率仅为 5.68%。

10 月 12 日，由浙江大学金融研究院、浙江大学（经济学院、金融研究院）融资租赁研究中心共同倡导发起的"中国融资租赁（西湖）论坛"，在浙江大学玉泉校区邵逸夫科技馆举行。

10 月 13 日，上海光谷融资租赁有限公司在上海紫竹国际大厦 12 楼举行企业特聘专家签约仪式，公司总经理王昊与中国航空领域顶级专家张锡金教授签署了顾问聘用合同。

10 月 19 日，银监会召开"融资租赁企业专项调研会"。本次会议由银监会普惠部委托天津银监局王文刚副局长带队到上海就融资租赁公司、商业保理公司、典当行等三类机构情况分别开展调研。调研的主题为企业经营情况、对融资租赁行业的看法、对行业存在的主要风险和问题的看法三个方面。

10 月 22 日，世界飞行者大会主场馆宏泰国际航空工程中心正式交付使用。788 架航空飞行器也从即日起，开始陆续运抵武汉开发区（汉南区）通航机场。

10 月 23 日，中电投融和融资租赁有限公司发行 2017 年度第二期超短期融资券，发行规模 10 亿元，期限 270 天。

10 月 24 日，顺泰融资租赁股份有限公司召开董事会，通过了关于拟申请公司股票在全国中小企业股份转让系统终止挂牌的议案。

10 月 25 日，武汉市委常委、副市长李有祥，到航天科工金融租赁有限公司调研指导工作。

10 月 26 日，由安亭·上海国际汽车城、建元资本、零壹财经、罗兰贝格联合举办的"2017·第四届安亭国际汽车金融论坛"在上海召开。会上，建元资本联合罗兰贝格发布了《2017 汽车金融报告》。

10 月 30 日，全国首单以美元结算的跨境船舶租赁资产交易在广州南沙完成。工银租赁香港公司将境外一艘名为"海阔"的我国香港籍大灵便型散货船在广州航运交易所船舶交易平台以美元标价挂牌出售，最终由福建客户竞得，成交价 840 万美元。此次交易成功实现了我国香港籍租赁船舶在无须境内靠港、无须报关的情况下，利用广州航交所船舶交易平台，将境外船舶资产转让给了境内客户，实现了从单向跨境资产交易（跨境进口）到双向跨境资产交易（跨境进、出口）的业务突破。另外，此次交易均以美元为货币收取，成功解决了第三方平台"购付汇主体不一致"问题，实现了高效、安全、合规的第三方资金托管及结算服务。

10 月 30 日，中信银行与碧桂园集团在北京举行 300 亿元长租住宅保障性基金战略合作签约仪式。

11 月 1 日，武汉光谷融资租赁有限公司一期资产支持专项计划在上交所成功挂牌。这是湖北省融资租赁行业首单资产支持证券，也是湖北自贸区首单资产支持证券。

11 月 1 日，香港飞机租赁和航空融资协会举办成立典礼。活动由香港特别行政区行政长官林郑月娥女士主礼。中央人民政府驻香港特别行政区联络办公室经济部副部长金萍女士和运输及房屋局常任秘书长（运输）黎以德先生亦出席担任荣誉嘉宾。

11 月 1 日，武汉光谷融资租赁有限公司在上海证券交易所交易大厅举行"光谷租赁资产支持专项计划"即 ABS 挂牌仪式。

11 月 2 日，中国银行和厦门市国土资源与房产管理局签署《厦门市住房租赁市场金融服务战略合作协议》，双方将为住房租赁市场各参与主体提供全链条的金融产品与服务。

11 月 3 日，建设银行深圳分行与包括万科、华润、碧桂园等在内的 11 家房地产企业签署房屋租赁战略合作协议。同时，建行还推出个人住房租赁贷款"安居贷"，为租户提供纯信用贷款用于租房。

11 月 3 日，天津国泰金融租赁有限责任公司获天津银监局批准开业，这是年初以来第 9 家开业的金融租赁公司，也是天津市第二家民营企业控股的金融租赁公司。

11 月 4 日，"2017 世界飞行者大会"在武汉开幕，来自 37 个国家和地区的 1000 多名飞行员、运动员、教练员、裁判员、国际航联官员，以及 1000 多架各类航空器和飞行器带来了一场盛大的"天空马拉松"。中美洲际直升机投资（上海）有限公司、金汇通航、正阳机场联合参展。

11 月 4 日，中国人民银行行长周小川发表《守住不发生系统性金融风险的底线》，提出监管的几大重点领域："一手抓金融机构乱搞同业、乱加杠杆、乱做表外业务、违法违规套利，一手抓非法集资、乱办交易所等严重扰乱金融秩序的非法金融活动。"

11 月 7 日，由中国金融信息网、中国经济信息社湖北经济研究中心以及零壹财经·零壹智库共同举办的"2017 新金融发展论坛——科技金融：产业与生态"在武汉召开。

11 月 8 日，央行发布《汽车贷款管理办法》修订消息，称从 2018 年 1 月 1 日起，自用传统动力汽车贷款最低首付两成，自用新能源汽车贷款最低首付 1.5 成。

11 月 8 日，远东租赁公告发行 36.15 亿元 ABS。从分层情况来看，优先 A 级发行金额为 29.65 亿元，评级为 AAA，预期收益率为 5.45%；优先 B 级发行金额为 4.45 亿元，评级为 AA，预期收益率为 6.95%；次级发行金额为 2.05 亿元，次级未获评级。

11 月 9 日，天津国泰金融租赁公司举行开业庆典。

11 月 12 日，汽车电商发布报告称，"11·11"当天的新车融资租赁成交量为 4749 台，成交金额（支付首付款）4796 万元，合同总金额高达 6.12 亿元。

11 月 14 日，华融金融租赁公告发行 49.61 亿元租赁信贷 ABS。继招银发行史上规模最大的租赁 ABS 以后，规模第二、第三的租赁 ABS 均为华融金融租赁发行。

11 月 15 日，航天科工金融租赁有限公司完成对航天通信控股集团股份有限公司旗下智慧海派科技有限公司 4000 万元租赁业务投放。该笔业务是航天金租推进"军民融合"的核心业务。

11 月 15 日，晨鸣纸业发布第八届董事会决议公告，拟在广州南沙自贸区新设立一家融资租赁公司——广州晨鸣融资租赁有限公司。

11 月 17 日，中国人民银行、银监会、证监会、保监会、外管局发布《关于规范金融机构资产管理业务的指导意见（征求意见稿）》。总体思路是"按照资管产品类型制定统一的监管标准，对同类型资管业务做出一致性规定，实行公平的市场准入和监管，最大程度地消除监管套利空间"。文件一共 29 条，涵盖了资管业务定义、产品分类、投资者分类、投资要求和限制、信息披露、风险控制、监管职能分工等各个方面，其中对银行资管业务影响最大的是关于打破刚性兑付和规范资金池的要求。

11 月 18 日，由 21 世纪经济报道中国汽车金融实验室联合尼尔森共同推出的《2017 中国汽车金融年鉴》，在 21 世纪经济报道主办的"2017（第八届）中国汽车金融年会"上正式发布。

11 月 21 日，由中国融资租赁（西湖）论坛举办的"融资租赁资产组合管理研讨沙龙"在立根融资租赁（上海）有限公司会议室成功召开。浙江大学金融研究院副院长、教授杨柳勇，浙江大学融资租赁研究中心理事长程东跃，浙江大学经济学院副教授骆兴国、唐吉平以及来自中海运租赁、华润租赁、国新租赁、中电通商租赁、远东租赁、广州越秀租赁、立根租赁、汇金租赁、皖江金融租赁、聚信租赁、中关村租赁等 20 余家科研机构及租赁公司的代表参加了研讨沙龙。

11 月 21 日，互联网金融风险专项整治工作领导小组办公室下发《关于立即暂停批设网络小额贷款公司的通知》。文件提出，由于部分机构开展的"现金贷"业务存在较大风险隐患，自即日起，各级小额贷款公司监管部门一律不得新批设网络（互联网）小额贷款公司，禁止新增批小额贷款公司跨省（自治区、直辖市）开展小额贷款业务。

11 月 22 日，由金融时报社中国融资租赁研究院、天津东疆保税港区管理委员会、北京市圣大律师事务所共同主办的"中国融资租赁出口专题研讨会"在北京召开。相关政府部门官员、租赁公司从业者和租赁行业学者、律师等近 50 人参加了此次研讨会，就我国融资租赁公司开展跨境租赁业务中涉及的融资、保险、法律等热点话题进行了探讨。

11 月 23 日，广东省融资租赁协会第一届第二次会员大会顺利召开。会议选举广东粤财金融租赁股份有限公司为广东省融资租赁协会新一任会长单位，选举粤财金租董事长曾忠生为会长。

11 月 23 日，"皖金 2017 年第二期租赁资产支持证券"发行结果显示，此次皖江金租发行的 ABS 总规模为 18.87 亿元，簿记建档配售总额为 15.55 亿元，票面利率为 5.8%至 6.7%。

11 月 24 日，由中国外商投资企业协会主办的"2017 中国融资租赁年会"在北京召开。会上，来自租赁公司的高管和业界专家学者等 300 余人就当前国内外金融形势、保险资管机构和融资租赁公司合作、金融租赁公司的转型与发展、租赁资产证券化的发展、央企融资租赁的发展等热点话题进行了深入的交流与探讨。中国外商投资企业协会租赁业工作委员会会长杨钢主持年会。

11 月 30 日，就价值 1.2 亿元的一组 6000 马力电动压裂泵，宏华投资的全资附属公司——四川宏华石油设备有限公司与航天金租订立设备销售协议，宏华深圳与航天金租订立融资租赁协议。

12 月 1 日，由广发资管资产支持证券部总经理刘焕礼主持的"自贸区融资租赁资产交易平台圆桌论坛"在广州南沙召开。论坛嘉宾有来自国银租赁、民生金租、东联租赁、百应租赁以及新世纪评级等各公司的领导。

12 月 1 日，央行与银监会联合发布《关于规范整顿"现金贷"业务的通知》，清理整顿现金贷行业乱象，划定从业机构应遵循的红线。

12 月 1 日，融资租赁西湖论坛（南沙）研究院揭牌仪式暨自贸区融资租赁峰会在广州南沙举办。南沙区副区长阮晓红出席并致辞。

12 月 5 日，在国务院开展商业银行开办金融租赁企业试点十周年之际，由中国城市金融学会主办的"进入新时代，开启新征程——中国金融租赁业发展与展望"创新沙龙举办，来自政府部门和相关产业的代表 200 余人参加了此次活动，与会嘉宾共同研讨金融租赁业支持实体经济发展的举措和对未来的展望。

12 月 6 日，《河北省地方金融监督管理条例》正式出台，成为国内地方金融办升级以来首个地方金融监管办法。

12 月 8 日，中央政治局会议分析研究 2018 年经济工作，提出防范化解重大风险要使宏观杠杆率得到有效控制，金融服务实体经济能力增强。

12 月 8 日，银监会对广发银行违规担保案开出 7.22 亿元的最大罚单，6 名涉案员工被终身禁止从事银行业工作。

12 月 11 日，上海银监局发文称，同意交通银行全资子公司交银租赁的注册资本由此前的 75 亿元增至 85 亿元，原有股东及股权比例保持不变。

12 月 11 日，由和讯网主办，以"数据驱动，美好家园"为主题的第十五届财经风云榜暨第八届地产金融创新峰会启幕，链家研究院院长杨现领围绕住房租赁市场的新形势与未来趋势做了主题演讲。

12 月 12 日，"穆迪—中诚信国际 2018 年信用展望会议"在北京举行，会上就银监会监管的金融租赁行业和商务部辖下的融资租赁行业合并进行了讨论。

12 月 14 日，"第十四届中国国际金融论坛"在上海浦东星河湾开幕。此次论坛的主题为"金融本源回归服务实体经济发展"，由上海市租赁行业协会、上海市对外文化交流协会、上海市银行同业公会、上海市保险同业公会、上海市国际股权投资基金协会、上海市创业投资行业协会、上海股权投资协会、上海金融理财师协会等联合主办。来自政府部门、金融机构的专家学者 600 余人齐聚一堂，就中国金融服务与实体经济发展的前沿问题进行了深入探讨。

12 月 14 日，工业和信息化部发布《促进新一代人工智能产业发展三年行动计划（2018—2020 年）》。

12 月 15 日，深圳市人民政府金融发展服务办公室挂牌。其主要职责是："负责对全市辖区内小额贷款公司、融资担保公司、区域性股权市场、典当行、融资租赁公司、商业保理公司、地方资产管理公司等金融机构实施监管，强化对全市辖区内投资公司、社会众筹机构、地方各类交易场所等的监管；配合有关部门加强对互联网金融的监管。"

12 月 18 日至 20 日，中央经济工作会议举行。会议强调今后三年要打好防范化解重大风险、精准脱贫、污染防治三大攻坚战，重点是防控金融风险，要促进金融与实体、金融与地产、金融体系内部的良性循环，做好重点领域风险防范和处置，打击违法违规金融活动，加强薄弱环节监管制度建设。尽管会议没有提及"去杠杆"，但金融防风险仍是重点，不管是实体、地产，还是金融机构、地方融资风险，根子都在金融，未来的宏观政策重心将围绕防风险服务，有效控制化解这些部门的宏观杠杆率，金融严监管还将继续深化。

12 月 19 日，深圳金融办发布《市金融办（市金融监管局）主要职责》，提出将融资租赁、商业保理公司等金融机构正式划转至深圳市金融办（市金融监管局）实施监管。

12 月 19 日，第八届中国租赁年会之专家会议——"'一带一路'倡议下的租赁业发展和租联网建设专家论坛"在天津丽思卡尔顿酒店举行。会议由上海特殊贡献专家协会主任俞开琪主持，中国租赁联盟召集人杨海田正式提出建设租联网的倡议。

12 月 20 日，主题为"打造最强有力的金融工具"的"2017 中国租赁年会"在天津丽思卡尔顿酒店顺利召开。中国租赁年会作为全国融资租赁行业的顶级盛会已经成功举办八届。本届年会由天津滨海新区人民政府、中国国际商会、中国外商投资企业协会租赁业工作委员会、中国租赁联盟主办，中国租赁智库、天津滨海融资租赁研究院等承办。全国人大财经委、中国国际商会、天津市政府等有关部门领导出席开幕式。美国新墨西哥大学副校长 Craig（克雷格）作为国际租赁联盟发起人代表在大会致辞。本届年会云集了 4 个租赁创新服务基地、11 家自贸区、17 位行业协会会长和 40 名中外租赁行业专家以及学者、企业家 500 余人。

12 月 20 日，中国租赁联盟、联合国工业发展组织全球科技创新中心、美国新墨西哥大学、天津市租赁行业协会、上海市特殊贡献专家协会租赁委员会正式签约，决定共同倡导发起组建国际租赁联盟。

12 月 31 日，中国租赁联盟发布 2017 年中国融资租赁十大新闻。

12 月 31 日，据中国租赁联盟统计，2017 年融资租赁聚集效应明显。广州南沙自贸区各类融资租赁企业达到 395 家；西安国际港务区各类融资租赁企业达到 80 家；沈阳自贸区新增内资和外资租赁企业超过 150 家；天津东疆港各类租赁企业超过 1000 家。这些地区聚集了全国约 80%的租赁业务。

企业排行榜

金融租赁企业排行榜

（截至 2017 年 12 月 31 日）

（以注册资金为序）

排名	企业名称	注册时间	注册地	注册资金（亿元）
1	国银金融租赁股份有限公司	1984	深圳	126.42
2	工银金融租赁有限公司	2007	天津	110.00
3	兴业金融租赁有限责任公司	2010	天津	90.00
4	交银金融租赁有限责任公司	2007	上海	85.00
5	建信金融租赁有限公司	2007	北京	80.00
6	昆仑金融租赁有限责任公司	2010	重庆	79.61
7	华夏金融租赁有限公司	2013	昆明	60.00
7	招银金融租赁有限公司	2007	上海	60.00
8	华融金融租赁股份有限公司	2001	杭州	59.27
9	光大金融租赁股份有限公司	2010	武汉	56.80
10	中国外贸金融租赁有限公司	1986	北京	51.66
11	民生金融租赁股份有限公司	2007	天津	50.95
12	太平石化金融租赁有限责任公司	2014	上海	50.00
13	锦银金融租赁有限责任公司	2015	沈阳	49.00
14	皖江金融租赁股份有限公司	2011	芜湖	46.00
15	长城国兴金融租赁有限公司	2008	乌鲁木齐	40.00
15	中信金融租赁有限公司	2015	天津	40.00
16	信达金融租赁有限公司	1996	兰州	35.05
17	北银金融租赁有限公司	2014	北京	31.00

排名	企业名称	注册时间	注册地	注册资金（亿元）
18	浙江浙银金融租赁股份有限公司	2017	舟山	30.00
18	重庆鈊渝金融租赁股份有限公司	2017	重庆	30.00
18	航天科工金融租赁有限公司	2017	武汉	30.00
18	河北省金融租赁有限公司	1995	石家庄	30.00
18	农银金融租赁有限公司	2010	上海	30.00
18	邦银金融租赁股份有限公司	2013	天津	30.00
18	湖北金融租赁股份有限公司	2015	武汉	30.00
18	西藏金融租赁有限公司	2015	拉萨	30.00
19	浦银金融租赁股份有限公司	2011	上海	29.50
20	渝农商金融租赁有限责任公司	2014	重庆	25.00
21	中铁建金融租赁有限公司	2016	天津	24.00
22	江苏金融租赁股份有限公司	1985	南京	23.47
23	江西金融租赁股份有限公司	2015	南昌	20.20
24	天津国泰金融租赁有限责任公司	2017	天津	20.00
24	山东汇通金融租赁有限公司	2015	济南	20.00
24	河南九鼎金融租赁股份有限公司	2016	郑州	20.00
24	冀银金融租赁股份有限公司	2015	石家庄	20.00
24	中国金融租赁有限公司	2013	天津	20.00
24	哈银金融租赁有限责任公司	2014	哈尔滨	20.00
24	徽银金融租赁有限公司	2015	合肥	20.00
24	横琴华通金融租赁有限公司	2015	珠海	20.00

排名	企业名称	注册时间	注册地	注册资金（亿元）
24	佛山海晟金融租赁股份有限公司	2016	佛山	20.00
24	贵阳贵银金融租赁有限责任公司	2016	贵阳	20.00
25	天银金融租赁有限公司	2016	天津	17.00
26	洛银金融租赁股份有限公司	2014	洛阳	16.00
27	前海兴邦金融租赁有限责任公司	2017	深圳	15.00
27	永赢金融租赁有限公司	2015	宁波	15.00
27	交银航空航运金融租赁有限责任公司	2014	上海	15.00
27	苏州金融租赁股份有限公司	2015	苏州	15.00
27	徐州恒鑫金融租赁股份有限公司	2016	徐州	15.00
28	华运金融租赁股份有限公司	2015	天津	14.29
29	苏银金融租赁股份有限公司	2015	南京	12.50
30	广东粤财金融租赁股份有限公司	2017	广州	10.00
30	北部湾金融租赁有限公司	2011	南宁	10.00
30	珠江金融租赁有限公司	2014	广州	10.00
30	江南金融租赁有限公司	2015	常州	10.00
30	长江联合金融租赁有限公司	2015	上海	10.00
30	山东通达金融租赁有限公司	2016	济南	10.00
30	浙江稠州金融租赁有限公司	2016	义乌	10.00
30	四川天府金融租赁股份有限公司	2016	成都	10.00
31	中煤科工金融租赁股份有限公司	2017	天津	9.80

续表

排名	企业名称	注册时间	注册地	注册资金（亿元）
32	厦门金融租赁有限公司	2017	厦门	7.90
33	福建海西金融租赁有限责任公司	2016	福州	7.00
34	吉林九银金融租赁股份有限公司	2017	吉林	5.00
34	山西金融租赁有限公司	1993	太原	5.00
34	招银航空航运金融租赁有限公司	2015	上海	5.00
34	广融达金融租赁有限公司	2016	上海	5.00
34	甘肃兰银金融租赁股份有限公司	2016	兰州	5.00
35	华融航运金融租赁有限公司	2015	上海	3.00

资料来源：中国租赁联盟、联合租赁研发中心、天津滨海融资租赁研究院。

注：1. 名录上的企业系截至 2017 年底登记在册并处运营中的企业；

2. 注册资金指截至 2017 年底的本金；

3. 注册资金单位为亿元人民币；

4. 注册时间指企业获得批准设立或正式开业的时间；

5. 注册地指企业本部的注册地址；

6. 不含子公司和海外收购的公司。

内资租赁企业排行榜

（截至 2017 年 12 月 31 日）

（以注册资金为序）

排名	企业	注册时间	注册地	注册资金（亿元）
1	天津渤海租赁有限公司	2008	天津	221.01
2	浦航租赁有限公司	2009	上海	126.83
3	长江租赁有限公司	2004	天津	107.90
4	中航国际租赁有限公司	1993	上海	74.66
5	丰汇租赁有限公司	2009	北京	40.00
6	国信租赁有限公司	2015	济南	36.00
7	德海租赁（天津）有限公司	2017	天津	30.00
7	中民投健康产业融资租赁有限公司	2017	天津	30.00
7	上海电气租赁有限公司	2006	上海	30.00
7	国泰租赁有限公司	2007	济南	30.00
8	庞大乐业租赁有限公司	2009	唐山	29.17
9	中车投资租赁有限公司	2008	北京	23.00
10	汇通信诚租赁有限公司	2012	乌鲁木齐	21.60
11	中建投租赁（上海）有限责任公司	2014	上海	20.00
11	隆基租赁（天津）有限公司	2017	天津	20.00
12	天津国资租赁有限公司	2017	天津	19.30
13	招商局租赁天津有限公司	2017	天津	16.70
14	中联重科融资租赁（北京）有限公司	2006	北京	15.02
15	中远海运租赁有限公司	2014	上海	15.00

续表

排名	企业	注册时间	注册地	注册资金（亿元）
15	天津华铁融资租赁有限公司	2016	天津	15.00
16	浙江物产融资租赁有限公司	2012	杭州	14.17
17	重庆银海融资租赁有限公司	2006	重庆	12.00
18	安吉租赁有限公司	2006	上海	11.64
19	天津大通融汇租赁有限公司	2015	天津	10.42
20	华程租赁（天津）有限公司	2017	天津	10.00
20	易通租赁（天津）有限公司	2017	天津	10.00
20	天津星河鼎兴租赁有限公司	2017	天津	10.00
20	青海昆仑租赁有限责任公司	2004	西宁	10.00
20	国投建恒租赁股份有限公司	2017	天津	10.00
20	中航租（天津）租赁有限公司	2017	天津	10.00
20	安徽兴泰融资租赁有限责任公司	2006	合肥	10.00
20	北车投资租赁有限公司	2008	北京	10.00
20	重庆市交通设备融资租赁有限公司	2009	重庆	10.00
20	吉运集团股份有限公司	2011	北京	10.00
20	天津天保租赁有限公司	2011	天津	10.00
20	天津佳永租赁有限公司	2012	天津	10.00
20	武汉光谷融资租赁有限公司	2012	武汉	10.00
20	辽宁融川融资租赁股份有限公司	2013	沈阳	10.00
20	安徽正奇融资租赁有限公司	2013	合肥	10.00
20	德海租赁有限公司	2013	北京	10.00

排名	企业	注册时间	注册地	注册资金（亿元）
20	安徽华通租赁有限公司	2013	淮南	10.00
20	广东恒和租赁有限公司	2015	广州	10.00
20	天津城投创展租赁有限公司	2016	天津	10.00
20	中建投租赁（天津）有限责任公司	2016	天津	10.00
20	天津信汇融资租赁有限公司	2016	天津	10.00
20	中远海发（天津）租赁有限公司	2016	天津	10.00
21	山东地矿租赁有限公司	2015	济南	9.93
22	中国电建集团租赁有限公司	2004	北京	9.60
23	山重融资租赁有限公司	2009	北京	9.20
24	珠海恒源融资租赁有限公司	2013	珠海	9.17
25	河北融投租赁有限公司	2012	石家庄	9.00
26	赣州发展融资租赁有限责任公司	2013	赣州	8.75
27	江苏徐工工程机械租赁有限公司	2008	徐州	8.00
28	首汽租赁有限责任公司	2008	北京	7.72
29	联通租赁集团有限公司	2004	北京	7.60
29	芜湖亚夏融资租赁有限公司	2013	芜湖	7.60
30	浙江中大元通融资租赁有限公司	2007	杭州	7.57
31	厦门海翼融资租赁有限公司	2008	厦门	7.00
31	德银融资租赁有限公司	2011	上海	7.00
32	临港港融租赁（天津）有限公司	2017	天津	6.90
33	东森海润租赁有限公司	2012	北京	6.28

排名	企业	注册时间	注册地	注册资金（亿元）
34	上海国金租赁有限公司	2012	上海	6.00
34	中程租赁有限公司	2013	天津	6.00
34	四川金石租赁有限责任公司	2014	成都	6.00
34	内蒙古融资租赁有限责任公司	2014	呼和浩特	6.00
35	上海地铁融资租赁有限公司	2014	上海	5.60
36	北京京能源深融资租赁有限公司	2011	北京	5.50
37	国农租赁有限公司	2013	济南	5.10
38	融信租赁股份有限公司	2009	福州	5.04
39	天津南车融资租赁有限公司	2017	天津	5.00
39	中联浦融租赁有限公司	2016	天津	5.00
39	神铁租赁（天津）有限公司	2017	天津	5.00
39	陕西财信融资租赁有限公司	2017	西安	5.00
39	中船重工海疆（天津）租赁有限公司	2017	天津	5.00
39	成都工投融资租赁有限公司	2009	成都	5.00
39	汇银融资租赁有限公司	2011	潍坊	5.00
39	金鼎租赁有限公司	2011	北京	5.00
39	中关村科技租赁有限公司	2013	北京	5.00
39	安徽众信融资租赁有限公司	2013	亳州	5.00
39	安徽德润融资租赁股份有限公司	2013	合肥	5.00
39	广州广汽租赁有限公司	2013	广州	5.00

排名	企业	注册时间	注册地	注册资金（亿元）
39	世欣合汇融资租赁有限公司	2014	北京	5.00
39	天津天士力融资租赁有限公司	2014	天津	5.00
39	天津融鑫融资租赁有限公司	2014	天津	5.00
39	安徽皖新融资租赁有限公司	2014	六安	5.00
39	北京中煤融资租赁有限责任公司	2015	北京	5.00
39	汇鼎租赁有限公司	2015	济南	5.00
39	中核建银融资租赁股份有限公司	2015	广州	5.00
39	天津滨海新区建投租赁有限公司	2016	天津	5.00
40	青岛中投融资租赁有限公司	2012	青岛	4.50
41	安徽中财租赁有限责任公司	2014	亳州	4.30
41	河南国控租赁股份有限公司	2013	郑州	4.30
42	福建宏顺租赁有限公司	2006	福州	4.16
43	天津汇融通达租赁有限公司	2016	天津	4.00
43	福建海峡融资租赁有限责任公司	2011	福州	4.00
43	上海云城融资租赁有限公司	2015	上海	4.00
44	长城融资租赁有限责任公司	1997	济南	3.70
45	浙江香溢租赁有限责任公司	2013	宁波	3.20
45	湖北华康远达融资租赁有限公司	2012	襄阳	3.20
46	大盛融资租赁有限公司	2014	金华	3.10
47	尚邦租赁有限公司	2008	天津	3.05
48	万向租赁有限公司	2004	杭州	3.00

排名	企业	注册时间	注册地	注册资金 （亿元）
48	新疆鼎源融资租赁股份有限公司	2011	乌鲁木齐	3.00
48	庆汇租赁有限公司	2013	沈阳	3.00
48	北京农投融资租赁有限公司	2013	北京	3.00
48	上海万方融资租赁有限公司	2013	上海	3.00
48	安徽合泰融资租赁有限公司	2013	合肥	3.00
48	南通国润融资租赁有限公司	2014	南通	3.00
48	经开租赁有限公司	2014	深圳	3.00
48	华宝千祺租赁（深圳）有限公司	2014	深圳	3.00
48	天津财信汇通融资租赁有限公司	2015	天津	3.00
48	维租（天津）租赁有限公司	2015	天津	3.00
48	辽宁方大融资租赁有限公司	2015	抚顺	3.00
48	南京华虹融资租赁有限公司	2015	南京	3.00
48	天津合盛融资租赁有限公司	2016	天津	3.00
48	宝新融资租赁有限公司	2016	广州	3.00
49	江西省鄱阳湖融资租赁有限公司	2011	南昌	2.80
50	沈阳恒信租赁有限公司	2013	沈阳	2.74
51	山东山工租赁有限公司	2011	济南	2.70
51	重庆鸿晔锦盛融资租赁有限公司	2015	重庆	2.70
52	上海益流融资租赁有限公司	2011	上海	2.50
52	联通物产租赁有限公司	2012	北京	2.50
53	新疆新能融资租赁有限公司	2008	乌鲁木齐	2.48

排名	企业	注册时间	注册地	注册资金（亿元）
54	四川孚临融资租赁有限公司	2013	成都	2.40
55	山东融世华租赁有限公司	2007	济南	2.29
56	华晟融资租赁股份有限公司	2013	苏州	2.10
56	东方圣城租赁有限公司	2015	济宁	2.10
56	佳汇（天津）租赁有限公司	2016	天津	2.10
57	福建万宇租赁有限公司	2013	宁德	2.06
58	青岛青建租赁有限公司	2013	青岛	2.05
58	湖北金控融资租赁有限公司	2015	武汉	2.05
59	北京鼎泰鑫融资租赁有限公司	2014	北京	2.03
60	四川荷福融资租赁有限公司	2015	成都	2.01
61	安振(天津)租赁有限责任公司	2017	天津	2.00
61	金联合众融资租赁有限公司	2017	天津	2.00
61	中安亚太租赁(天津)有限公司	2017	天津	2.00
61	瑞泽众合(天津)租赁有限公司	2017	天津	2.00
61	北京绿能融资租赁有限公司	2002	北京	2.00
61	国运租赁（天津）股份有限公司	2016	天津	2.00
61	锦港（天津）租赁有限公司	2017	天津	2.00
61	河南国宏融资租赁有限公司	2017	洛阳	2.00
61	成都华明融资租赁有限公司	2015	成都	2.00
61	西北租赁有限公司	2004	西安	2.00
61	江西省海济融资租赁股份有限公司	2006	南昌	2.00

排名	企业	注册时间	注册地	注册资金（亿元）
61	山东浪潮租赁有限公司	2006	济南	2.00
61	华远租赁有限公司	2007	北京	2.00
61	恒华融资租赁有限公司	2008	嘉兴	2.00
61	中原租赁有限公司	2009	深圳	2.00
61	上海金易达融资租赁有限公司	2011	上海	2.00
61	上海中兴融资租赁有限公司	2011	上海	2.00
61	天津泰达租赁有限公司	2011	天津	2.00
61	融鑫汇（天津）租赁有限公司	2011	天津	2.00
61	云投旺世融资租赁有限公司	2011	北京	2.00
61	银丰租赁有限公司	2011	北京	2.00
61	北京中车信融融资租赁有限公司	2012	北京	2.00
61	荣达租赁有限公司	2012	北京	2.00
61	浙江省铁投融资租赁有限公司	2012	杭州	2.00
61	江苏宝涵租赁有限公司	2013	苏州	2.00
61	苏州融华租赁有限公司	2013	苏州	2.00
61	南京隆安租赁有限公司	2013	南京	2.00
61	贵州黔贵融资租赁有限公司	2013	贵阳	2.00
61	通和租赁股份有限公司	2013	北京	2.00
61	上海摩恩融资租赁股份有限公司	2013	上海	2.00
61	南京民生租赁股份有限公司	2013	南京	2.00
61	浙江浙能融资租赁有限公司	2013	杭州	2.00

排名	企业	注册时间	注册地	注册资金（亿元）
61	浙江万融融资租赁有限公司	2013	金华	2.00
61	中鼎信融资租赁集团股份有限公司	2014	哈尔滨	2.00
61	常熟市德盛融资租赁有限公司	2014	常熟	2.00
61	江苏淮海融资租赁有限公司	2014	宿迁	2.00
61	宁波东银融资租赁有限责任公司	2014	宁波	2.00
61	四川盘古设备租赁有限公司	2014	成都	2.00
61	石家庄宝德融资租赁有限公司	2015	石家庄	2.00
61	银河融资租赁有限公司	2015	上海	2.00
61	江苏国鑫融资租赁有限公司	2015	盐城	2.00
61	江苏凤凰文贸融资租赁有限公司	2015	南京	2.00
61	临沂华盛江泉租赁有限公司	2015	临沂	2.00
61	城发集团（青岛）融资租赁有限公司	2015	青岛	2.00
61	武汉中泰和融资租赁有限公司	2015	武汉	2.00
61	湖北华融嘉和融资租赁有限公司	2015	襄阳	2.00
61	湖北万民融资租赁有限公司	2015	荆州	2.00
61	民商融资租赁有限公司	2015	重庆	2.00
61	一汽租赁有限公司	2016	天津	2.00
61	上海鼎策融资租赁有限公司	2016	上海	2.00
61	天津潍莱岛融资租赁有限公司	2016	天津	2.00
61	天津中融恒泰国际租赁有限公司	2016	天津	2.00

排名	企业	注册时间	注册地	注册资金（亿元）
61	广州海印融资租赁有限公司	2016	广州	2.00
62	浙江康安融资租赁股份有限公司	2012	嘉兴	1.90
63	新疆生产建设兵团第十三师天元融资租赁有限公司	2015	哈密	1.87
64	海航思福租赁股份有限公司	2013	海口	1.84
65	宝利德融资租赁有限公司	2014	杭州	1.80
65	杭州中小企业融资租赁有限公司	2015	杭州	1.80
66	苏宁租赁（天津）有限公司	2017	天津	1.70
66	中商国控（天津）租赁有限公司	2016	天津	1.70
66	元泰租赁（天津）有限公司	2017	天津	1.70
66	天津宏锦租赁有限公司	2017	天津	1.70
66	吴都租赁(天津)有限公司	2017	天津	1.70
66	庭州顺鑫租赁有限责任公司	2017	天津	1.70
66	新鞍融创租赁（天津）有限公司	2017	天津	1.70
66	泰康消防化工集团融资租赁有限责任公司	2015	昆明	1.70
66	中浩环球租赁（福建）有限公司	2015	福州	1.70
66	远中租赁股份有限公司	2006	沈阳	1.70
66	新疆亚中机电销售租赁股份有限公司	2008	乌鲁木齐	1.70
66	成都汇银融资租赁有限公司	2011	成都	1.70
66	融兴融资租赁有限公司	2012	福州	1.70

排名	企业	注册时间	注册地	注册资金（亿元）
66	英利小溪租赁有限公司	2013	天津	1.70
66	晋盛租赁有限公司	2013	太原	1.70
66	嘉丰租赁有限公司	2013	济南	1.70
66	南京天元租赁有限公司	2013	南京	1.70
66	河南广通汽车租赁有限公司	2013	郑州	1.70
66	河北卓邦华琦融资租赁有限公司	2013	邯郸	1.70
66	融丰租赁有限公司	2013	长春	1.70
66	中弘租赁有限公司	2013	沈阳	1.70
66	杭州城投租赁有限公司	2013	杭州	1.70
66	湖北永盛融资租赁有限公司	2013	咸宁	1.70
66	中水电融通租赁有限公司	2014	天津	1.70
66	天津市良好投资发展有限公司	2014	天津	1.70
66	邯郸市美食林租赁有限公司	2014	邯郸	1.70
66	中盛租赁有限公司	2014	常州	1.70
66	福建润创租赁有限公司	2014	福州	1.70
66	昌乐英轩设备租赁有限公司	2014	潍坊	1.70
66	四川海特融资租赁有限公司	2014	成都	1.70
66	四川御丰泰融资租赁有限公司	2014	成都	1.70
66	荣信租赁有限公司	2015	沈阳	1.70
66	安徽津安融资租赁有限公司	2015	阜阳	1.70
66	福建喜相逢汽车服务股份有限公司	2015	福州	1.70

排名	企业	注册时间	注册地	注册资金（亿元）
66	泉州市闽侨融资租赁有限公司	2015	泉州	1.70
66	山东恒顺融资租赁有限公司	2015	临沂	1.70
66	东风南方融资租赁有限公司	2015	广州	1.70
66	宁夏三实融资租赁有限公司	2015	银川	1.70
66	天津传化融资租赁有限公司	2016	天津	1.70
66	台金融资租赁（天津）有限责任公司	2016	天津	1.70
67	上海融联租赁股份有限公司	2004	上海	1.00
68	天津津投租赁有限公司	2004	天津	0.82
69	长行汽车租赁有限公司	2004	杭州	0.51
70	新纪元租赁有限公司	2007	北京	0.50
70	中能融资租赁有限公司	2011	天津	0.50
71	江苏烟草金丝利租赁有限公司	2011	南京	0.40
72	天津滨海新区弘信博格融资租赁有限公司	2014	天津	0.20

资料来源：中国租赁联盟、联合租赁研发中心、天津滨海融资租赁研究院。

注：1. 名录上的企业系截至 2017 年底登记在册并处运营中的企业；

2. 注册资金指截至 2017 年底的本金；

3. 注册资金单位为亿元人民币；

4. 注册时间指企业获得批准设立或正式开业的时间；

5. 注册地指企业本部的注册地址；

6. 不含子公司和海外收购的公司。

外资租赁企业 300 强排行榜

（截至 2017 年 12 月 31 日）

（以注册资金为序）

排名	企业名称	注册时间	注册地	注册资金（万美元）
1	远东国际租赁有限公司	1991	上海	181671
2	郎丰国际融资租赁（中国）有限公司	2016	珠海	150000
3	平安国际融资租赁有限公司	2012	上海	134783
4	山东晨鸣融资租赁有限公司	2014	济南	111594
5	中垠融资租赁有限公司	2014	上海	102319
6	上海金昊阳融资租赁有限公司	2015	上海	100000
6	国信融资租赁（深圳）有限公司	2016	深圳	100000
6	中源融资租赁（深圳）有限公司	2016	深圳	100000
6	中安航天博宇融资租赁有限公司	2016	深圳	100000
6	慧海国际融资租赁（中国）有限公司	2016	珠海	100000
6	荣达国际融资租赁（中国）有限公司	2016	珠海	100000
6	广业国际融资租赁（深圳）有限公司	2016	深圳	100000
7	平安国际融资租赁（天津）有限公司	2015	天津	94474
8	中民国际融资租赁股份有限公司	2015	天津	90365
9	芯鑫融资租赁有限责任公司	2015	上海	82319
10	中飞租融资租赁有限公司	2010	天津	80000
11	远东宏信（天津）融资租赁有限公司	2013	天津	79790
12	华能汇金融资租赁（天津）有限公司	2016	天津	72471
13	中交建融租赁有限公司	2014	上海	72464
13	齐利（厦门）融资租赁有限公司	2016	厦门	72464
13	青岛晨鸣弄海融资租赁有限公司	2016	青岛	72464

排名	企业名称	注册时间	注册地	注册资金（万美元）
14	中电投融和融资租赁有限公司	2014	上海	63000
15	中国环球租赁有限公司	1984	北京	61889
16	深银世纪融资租赁（深圳）有限公司	2015	深圳	60000
17	安徽钰诚融资租赁有限公司	2012	蚌埠	59800
18	上海易鑫融资租赁有限公司	2014	上海	56000
19	海通恒信国际租赁有限公司	2004	上海	52300
20	天津恒通嘉合融资租赁有限公司	2015	天津	50000
20	财邦（中国）融资租赁有限公司	2017	天津	50000
20	檀实融资租赁（上海）有限公司	2014	上海	50000
20	江苏绿能宝融资租赁有限公司	2014	苏州	50000
20	华美（中国）融资租赁股份有限公司	2015	天津	50000
20	晟华（上海）融资租赁有限公司	2015	上海	50000
20	千佰亿融资租赁（深圳）有限公司	2016	深圳	50000
20	华宇融资租赁（深圳）有限公司	2016	深圳	50000
21	国电融资租赁有限公司	2014	天津	49071
22	宏泰国际融资租赁（天津）有限公司	2013	天津	48904
23	上海一嗨汽车租赁有限公司	2008	上海	46800
24	蔷薇春晓融资租赁有限公司	2015	天津	45183
25	招商局通商融资租赁有限公司	2016	天津	44285
26	华能天成融资租赁有限公司	2014	天津	44163
27	上海祥达融资租赁有限公司	2014	上海	43500
28	中交融资租赁（广州）有限公司	2016	广州	43478

排名	企业名称	注册时间	注册地	注册资金（万美元）
29	中海油国际融资租赁有限公司	2014	天津	42213
30	广州越秀融资租赁有限公司	2012	广州	42058
31	央融（天津）融资租赁有限公司	2015	天津	40000
31	国为融资租赁（深圳）有限公司	2016	深圳	40000
32	中建投租赁股份有限公司	1989	北京	38667
33	利星行融资租赁（中国）有限公司	2008	苏州	37000
34	中国康富国际租赁股份有限公司	1988	北京	36202
35	辽宁恒亿融资租赁有限公司	2014	本溪	35000
36	扬子江国际租赁有限公司	1992	上海	34220
37	狮桥融资租赁（中国）有限公司	2012	天津	33760
38	天合国际融资租赁有限公司	2015	广州	33000
39	浙江华铁融资租赁有限公司	2015	舟山	32683
40	大唐融资租赁有限公司	2012	天津	32633
41	国融（国际）融资租赁有限责任公司	2010	济南	32319
42	北京市文化科技融资租赁股份有限公司	2014	北京	31739
43	深圳兆恒水电有限公司	1999	深圳	31594
44	仲利国际租赁有限公司	2005	上海	31000
45	华电融资租赁有限公司	2013	天津	30400
46	融泰融资租赁（上海）有限公司	2013	上海	30000
46	天津冠唯租赁有限公司	2015	天津	30000
46	太行融资租赁（上海）有限公司	2015	上海	30000
46	中罗融资租赁（上海）有限公司	2015	上海	30000

排名	企业名称	注册时间	注册地	注册资金（万美元）
46	海冷融资租赁有限公司	2015	上海	30000
46	上海兆颖融资租赁有限公司	2015	上海	30000
46	联蔚（上海）融资租赁有限公司	2015	上海	30000
46	上海百轶融资租赁有限公司	2015	上海	30000
46	蟠园融资租赁（上海）有限公司	2015	上海	30000
46	欧宝融资租赁（上海）有限公司	2016	上海	30000
46	鑫银融资租赁（上海）有限公司	2016	上海	30000
46	大合通力融资租赁有限公司	2016	上海	30000
46	上海钱米融资租赁有限公司	2016	上海	30000
46	深圳市天融融资租赁有限公司	2016	深圳	30000
46	普信融资租赁（深圳）有限公司	2016	深圳	30000
46	普思国际融资租赁（深圳）有限公司	2016	深圳	30000
46	融尊国际融资租赁（深圳）有限公司	2016	深圳	30000
46	中租创新融资租赁（深圳）有限公司	2016	深圳	30000
47	基石融资租赁（天津）有限公司	2012	天津	29999
47	青岛海皇融资租赁有限公司	2015	青岛	29999
48	费宁维斯特（天津）融资租赁有限公司	2015	天津	29980
49	金宝鼎国际融资租赁有限公司	2012	天津	29900
49	上海永盛融资租赁有限公司	2014	上海	29900
49	上海璞能融资租赁有限公司	2014	上海	29900
49	中懋国际融资租赁有限公司	2016	北京	29900
50	西安城投国际融资租赁有限公司	2016	西安	29800

排名	企业名称	注册时间	注册地	注册资金（万美元）
51	环通含舟（重庆）融资租赁有限公司	2014	重庆	29700
52	国新融资租赁有限公司	2016	天津	29568
53	国鑫（天津）融资租赁有限责任公司	2016	天津	29488
54	北车（天津）融资租赁有限公司	2015	天津	29417
55	深圳市泰和融银融资租赁有限公司	2015	深圳	29000
55	山东海皇融资租赁有限公司	2015	潍坊	29000
55	本钢（烟台）融资租赁有限公司	2015	烟台	29000
55	瑞福青联融资租赁（天津）有限公司	2016	天津	29000
55	中港安成（深圳）国际融资租赁有限公司	2016	深圳	29000
56	重庆明德融资租赁有限公司	2015	重庆	28986
56	嘉翰（深圳）融资租赁有限公司	2016	深圳	28986
56	广荣融资租赁（深圳）有限公司	2015	深圳	28986
56	镇江新区金港融资租赁有限公司	2013	镇江	28696
57	上海创图融资租赁有限公司	2015	上海	28300
58	中联重科融资租赁（中国）有限公司	2009	天津	28000
58	山东高速环球融资租赁有限公司	2012	济南	28000
58	元始融资租赁（上海）有限公司	2016	上海	28000
58	润恒（天津）融资租赁有限公司	2016	天津	28000
58	中融前海融资租赁（深圳）有限公司	2016	深圳	28000
58	深圳市百福生融资租赁有限责任公司	2016	深圳	28000
59	鑫源融资租赁（天津）股份有限公司	2014	天津	27095

排名	企业名称	注册时间	注册地	注册资金（万美元）
60	利程融资租赁（上海）有限公司	2015	上海	27092
61	新昌融资租赁（中国）有限公司	2016	深圳	26666
62	量通租赁有限公司	2006	广州	26087
62	广东盛通融资租赁有限公司	2011	广州	26087
62	广东中金大通融资租赁有限公司	2013	广州	26087
62	广东中金高盛融资租赁有限公司	2013	广州	26087
62	广东中金摩根融资租赁有限公司	2013	广州	26087
62	广东中金美林融资租赁有限公司	2013	广州	26087
62	平安国际融资租赁（深圳）有限公司	2014	深圳	26087
62	宁波众泰融资租赁有限公司	2014	宁波	26087
62	诚泰融资租赁（上海）有限公司	2015	上海	26087
62	上海汇途融资租赁有限公司	2015	上海	26087
62	原方融资租赁（上海）有限公司	2015	上海	26087
62	关圣融资租赁（上海）有限公司	2016	上海	26087
63	海科融资租赁（天津）有限公司	2014	天津	26006
64	佳腾（中国）融资租赁有限公司	2015	上海	26000
65	浩科融资租赁（上海）有限公司	2012	上海	25507
66	融侨租赁有限公司	2013	济南	25000
66	合肥闽江融资租赁有限公司	2015	合肥	25000
66	本源（天津）国际融资租赁有限公司	2016	天津	25000
67	乾港融资租赁（上海）有限公司	2015	上海	24638
68	小松（中国）融资租赁有限公司	2007	上海	23623

排名	企业名称	注册时间	注册地	注册资金（万美元）
69	深港国际石油融资租赁（深圳）有限公司	2013	深圳	23600
70	国邦融资租赁（上海）有限公司	2015	上海	23201
71	河钢融资租赁有限公司	2016	天津	22895
72	知典融资租赁（上海）有限公司	2015	上海	22710
73	聚信国际融资租赁（天津）有限公司	2016	天津	21761
74	贵安恒信融资租赁（上海）有限公司	2016	上海	21739
74	广东中野融资租赁有限公司	2014	广州	21739
74	君创国际融资租赁有限公司	2015	上海	21739
74	巨亿融资租赁（上海）有限公司	2015	上海	21739
74	中联重科集团财务有限公司	2015	长沙	21739
74	中原航空融资租赁股份有限公司	2016	郑州	21739
75	国网国际融资租赁有限公司	2011	天津	20890
76	青岛城乡建设融资租赁有限公司	2014	青岛	20719
77	瑞宝信达融资租赁有限公司	2015	天津	20630
78	东方信远融资租赁有限公司	2010	天津	20000
78	国投融资租赁有限公司	2013	上海	20000
78	海尔融资租赁（中国）有限公司	2013	上海	20000
78	中宏国际融资租赁有限公司	2013	深圳	20000
78	仟丰国际融资租赁有限公司	2014	天津	20000
78	国信锦城融资租赁有限公司	2014	上海	20000
78	东方融资租赁（上海）有限公司	2014	上海	20000
78	山东宏桥融资租赁有限公司	2014	滨州	20000

排名	企业名称	注册时间	注册地	注册资金（万美元）
78	汇品国际融资租赁有限公司	2014	广州	20000
78	深圳远景融资租赁有限公司	2014	深圳	20000
78	国渝国际融资租赁有限公司	2015	天津	20000
78	华控（天津）融资租赁有限公司	2015	天津	20000
78	诚久远融国际融资租赁有限公司	2015	天津	20000
78	恒升融资租赁（天津）有限公司	2015	天津	20000
78	华琛融资租赁（上海）有限公司	2015	上海	20000
78	玖远融资租赁（上海）有限公司	2015	上海	20000
78	诺维（中国）融资租赁有限公司	2015	上海	20000
78	广源鑫融资租赁（上海）有限公司	2015	上海	20000
78	芯飞跃（中国）融资租赁有限公司	2015	上海	20000
78	海帝斯（中国）融资租赁有限公司	2015	上海	20000
78	上海腾凯融资租赁有限公司	2015	上海	20000
78	先锋太盟融资租赁有限公司	2015	上海	20000
78	彩虹桥（中国）融资租赁有限公司	2015	上海	20000
78	骏联（中国）融资租赁有限公司	2015	上海	20000
78	盈盛财富融资租赁（深圳）有限公司	2015	深圳	20000
78	优力国际融资租赁（深圳）有限公司	2015	深圳	20000
78	汇文国际融资租赁有限公司	2015	广州	20000
78	宝量融资租赁有限公司	2015	广州	20000
78	屹唐融资租赁有限公司	2016	上海	20000
78	中核建融资租赁股份有限公司	2016	上海	20000

排名	企业名称	注册时间	注册地	注册资金（万美元）
78	深圳中融信达国际融资租赁有限公司	2016	深圳	20000
78	中汇鑫融资租赁（深圳）有限公司	2016	深圳	20000
79	海科融资租赁（北京）有限公司	2012	北京	19900
80	浙江圆坤融资租赁有限公司	2015	杭州	19800
81	中铁建业融资租赁有限公司	2015	上海	19754
82	天津信开融资租赁有限公司	2015	天津	19617
83	中广核国际融资租赁有限公司	2013	深圳	19175
84	浙江海亮融资租赁有限公司	2013	杭州	18980
85	中银（天津）融资租赁有限公司	2014	天津	18860
86	立根融资租赁有限公司	2013	广州	18841
87	雄博融资租赁（上海）股份有限公司	2016	上海	18551
88	融汇融资租赁（上海）有限公司	2014	上海	18261
89	同煤漳泽（上海）融资租赁有限责任公司	2015	上海	18116
89	甬信融资租赁（上海）有限公司	2015	上海	18116
90	基石国际融资租赁有限公司	2013	北京	18093
91	晋商国际融资租赁有限公司	2009	北京	18000
91	丝路亚太国际融资租赁（天津）有限公司	2015	天津	18000
92	上实融资租赁有限公司	2012	上海	17391
92	奥克斯融资租赁股份有限公司	2013	上海	17391
92	君信融资租赁（上海）有限公司	2013	上海	17391

排名	企业名称	注册时间	注册地	注册资金（万美元）
92	内蒙古金控融资租赁有限公司	2014	呼和浩特	17391
92	上海金展融资租赁有限公司	2015	上海	17391
92	国森融资租赁（上海）有限公司	2015	上海	17391
92	上海联眘融资租赁有限公司	2015	上海	17391
92	深圳市国京发展融资租赁有限公司	2016	深圳	17391
92	上海华瑞融资租赁有限公司	2014	上海	17391
93	梅赛德斯—奔驰租赁有限公司	2012	北京	17356
94	立根融资租赁（上海）有限公司	2015	上海	17029
95	康正（北京）融资租赁有限责任公司	2012	北京	16800
95	广州市康信融资租赁有限公司	2012	广州	16800
96	博世（中国）投资有限公司	1999	上海	16717
97	广东融通融资租赁有限公司	2012	东莞	16500
97	港能国际融资租赁有限公司	2015	上海	16500
98	国寿国际融资租赁(天津)有限公司	2015	天津	16357
98	金通汇丰融资租赁（天津）有限公司	2015	天津	16357
98	神华（天津）融资租赁有限公司	2015	天津	16357
98	天津滨海新区科技融资租赁有限公司	2015	天津	16357
99	金信兴业融资租赁有限公司	2014	天津	16271
100	海华国际融资租赁有限公司	2013	天津	16219
101	南方国际租赁有限公司	1989	深圳	16200
102	日立建机租赁（中国）有限公司	2007	上海	16100
103	上海康信融资租赁有限公司	2012	上海	16000

排名	企业名称	注册时间	注册地	注册资金（万美元）
103	渤海钢铁集团（天津）融资租赁有限公司	2013	天津	16000
103	太钢（天津）融资租赁有限公司	2014	天津	16000
103	深圳前海腾源融资租赁有限公司	2014	深圳	16000
103	贵州汇融典石融资租赁有限公司	2014	贵阳	16000
103	天津景行融资租赁有限公司	2015	天津	16000
104	上海爱建融资租赁有限公司	2013	上海	15942
104	东森融资租赁（上海）有限公司	2015	上海	15942
104	长汇融资租赁有限公司	2015	上海	15942
105	天津凯富融资租赁有限公司	2014	上海	15928
106	联君融资租赁（上海）有限公司	2015	上海	15768
107	奇泛融资租赁（上海）有限公司	2015	上海	15652
107	广东瑞泰融资租赁有限公司	2015	广州	15652
108	中安联合国际融资租赁有限公司	2013	天津	15651
108	天津嘉恒达融资租赁有限公司	2015	天津	15651
109	西华碳汇融资租赁（天津）有限公司	2015	天津	15634
110	翰利国际融资租赁有限公司	2014	上海	15507
111	华润租赁有限公司	2006	深圳	15500
112	天津玖尊融资租赁有限公司	2016	天津	15483
112	晋建国际融资租赁（天津）有限公司	2016	天津	15483
112	航泰国际融资租赁有限公司	2016	天津	15483
113	天津轨道交通集团融资租赁有限公司	2016	天津	15477

排名	企业名称	注册时间	注册地	注册资金（万美元）
114	华中融资租赁有限公司	2013	江阴	15405
115	金淇国际融资租赁（天津）有限公司	2016	天津	15400
116	蓝宝石融资租赁有限公司	2016	上海	15362
117	中顺国际融资租赁有限公司	2016	天津	15278
118	上海海智融资租赁有限公司	2015	上海	15217
118	广东华天中海融资租赁有限公司	2015	广州	15217
119	冠鼎融资租赁（天津）有限公司	2016	天津	15200
120	中亚汇通融资租赁（天津）有限公司	2017	天津	15061
121	中永顺融资租赁（上海）有限公司	2013	上海	15000
121	环球国际融资租赁（天津）有限公司	2014	天津	15000
121	丝途亚太国际融资租赁（天津）有限公司	2016	天津	15000
121	安和融资租赁（深圳）有限公司	2016	深圳	15000
121	泰展融资租赁（深圳）有限公司	2016	深圳	15000
121	湖北中翼融资租赁有限公司	2016	武汉	15000
121	纬通国际融资租赁有限公司	2013	天津	15000
121	创虹高盛融资租赁（深圳）有限公司	2016	深圳	15000
121	鼎启国际汽车融资租赁（深圳）有限公司	2016	深圳	15000
122	众安国际融资租赁（天津）有限公司	2016	天津	14784
123	中铁金控融资租赁有限公司	2015	天津	14721
124	昆仑融资租赁（天津）有限公司	2017	天津	14546
125	智乘融资租赁（天津）有限公司	2016	天津	14521

排名	企业名称	注册时间	注册地	注册资金（万美元）
125	中国能源建设集团融资租赁有限公司	2017	天津	14521
126	宝晟融资租赁有限公司	2017	天津	14507
127	显鹤融资租赁（上海）有限公司	2015	上海	14506
128	天津鼎诚易融国际融资租赁有限公司	2015	天津	14495
129	中青旅融资租赁（天津）有限责任公司	2016	天津	14494
129	中民投航空融资租赁有限公司	2017	天津	14494
130	广东明阳融资租赁有限公司	2012	广州	14493
130	广东蓝岛融资租赁有限公司	2012	广州	14493
130	国汇融资租赁有限公司	2014	北京	14493
130	云能融资租赁（上海）有限公司	2014	上海	14493
130	银融国际融资租赁有限公司	2014	上海	14493
130	上海越秀融资租赁有限公司	2014	上海	14493
130	东航国际融资租赁有限公司	2014	上海	14493
130	中国葛洲坝集团融资租赁有限公司	2014	上海	14493
130	茅台建银（上海）融资租赁有限公司	2014	上海	14493
130	光大幸福国际租赁有限公司	2014	上海	14493
130	上海信迪融资租赁有限公司	2014	上海	14493
130	丰植融资租赁有限公司	2014	宿迁	14493
130	深圳金通融资租赁有限公司	2014	深圳	14493
130	顺诚融资租赁（深圳）有限公司	2014	深圳	14493

排名	企业名称	注册时间	注册地	注册资金（万美元）
130	深圳贵金融资租赁股份有限公司	2014	深圳	14493
130	中冶融资租赁有限公司	2014	珠海	14493
130	伯益融资租赁有限公司	2014	杭州	14493
130	中核融资租赁有限公司	2015	上海	14493
130	上海磐顶融资租赁有限公司	2015	上海	14493
130	上海临鼎融资租赁有限公司	2015	上海	14493
130	上海灵石融资租赁有限公司	2015	上海	14493
130	上海小袋融资租赁有限公司	2015	上海	14493
130	上海大唐融资租赁有限公司	2015	上海	14493
130	启风融资租赁（上海）有限公司	2015	上海	14493
130	立远融资租赁有限公司	2015	上海	14493
130	上海康庄融资租赁有限公司	2015	上海	14493
130	保雅（中国）融资租赁有限公司	2015	上海	14493
130	中汇国金融资租赁有限公司	2015	上海	14493
130	伊丰（中国）融资租赁有限公司	2015	上海	14493
130	上海彩曼融资租赁有限公司	2015	上海	14493
130	澎颖融资租赁（上海）有限公司	2015	上海	14493
130	上海爱康富罗纳融资租赁有限公司	2015	上海	14493
130	远汇融资租赁（上海）有限公司	2015	上海	14493
130	恩福融资租赁有限公司	2015	上海	14493
130	德宇融资租赁（上海）有限公司	2015	上海	14493
130	杉圭（上海）融资租赁有限公司	2015	上海	14493

排名	企业名称	注册时间	注册地	注册资金（万美元）
130	厚田（深圳）融资租赁有限公司	2015	深圳	14493
130	广东同银融资租赁有限公司	2015	广州	14493
130	广东金磊融资租赁有限公司	2015	珠海	14493
130	睿翼（杭州）融资租赁有限公司	2015	杭州	14493
130	山东盈旺融资租赁有限公司	2015	济南	14493
130	厦门三安信达融资租赁有限公司	2015	厦门	14493
130	陕西金控融资租赁有限公司	2015	西安	14493
130	陕西鼎盛裕和融资租赁有限公司	2015	西安	14493
130	新疆中泰融资租赁有限公司	2015	伊犁	14493
130	富鸿（上海）融资租赁有限公司	2016	上海	14493
130	汉域融资租赁（上海）有限公司	2016	上海	14493
130	京衡融资租赁（上海）有限公司	2016	上海	14493
130	上海盘龙融资租赁有限公司	2016	上海	14493
130	众富融资租赁（上海）有限公司	2016	上海	14493
130	金锦融资租赁（上海）有限公司	2016	上海	14493
130	中滇融资租赁（上海）有限公司	2016	上海	14493
130	平安点创国际融资租赁有限公司	2016	上海	14493
130	上海华谊集团融资租赁有限公司	2016	上海	14493
130	上海鸿图云锦融资租赁有限公司	2016	上海	14493
130	瓴汇融资租赁（广东）有限公司	2016	广州	14493
130	嘉鸿国际融资租赁有限公司	2016	广州	14493
130	中航毅泰融资租赁有限公司	2016	广州	14493

排名	企业名称	注册时间	注册地	注册资金（万美元）
130	国鑫达融资租赁（深圳）有限公司	2016	深圳	14493
130	深圳市民信融资租赁有限公司	2016	深圳	14493
130	南航国际融资租赁有限公司	2016	深圳	14493
130	德禾隆融资租赁（深圳）有限公司	2016	深圳	14493
130	国寿融资租赁有限公司	2016	深圳	14493
130	山东华宸融资租赁股份有限公司	2016	青岛	14493
130	中垠（泰安）融资租赁有限公司	2016	泰安	14493
130	陕西汇通天下融资租赁有限公司	2016	西安	14493
130	陕西华银融资租赁有限公司	2016	西安	14493
130	荣民融资租赁有限公司	2016	西安	14493
130	陕西君成融资租赁股份有限公司	2016	西安	14493
130	江西金源融资租赁有限公司	2016	上饶	14493
130	中津融资租赁有限公司	2016	伊犁	14493
130	大连装备融资租赁有限公司	2012	大连	14493
130	瑞盈信融（深圳）融资租赁有限公司	2014	深圳	14493
130	潽金融资租赁有限公司	2015	重庆	14493
130	四川汇鑫融资租赁有限公司	2016	泸州	14493
131	荟经（武汉）融资租赁有限公司	2016	武汉	14203
132	天津恒成昌达融资租赁有限公司	2016	天津	14000
133	中信富通融资租赁有限公司	2010	北京	13493
134	中恒国际租赁有限公司	2008	北京	13408
135	医学之星（上海）租赁有限公司	2003	上海	13239

排名	企业名称	注册时间	注册地	注册资金（万美元）
136	南山融资租赁（天津）有限公司	2013	天津	13203
137	中铝融资租赁有限公司	2015	天津	13085
138	北京国资融资租赁股份有限公司	2014	北京	13043
138	吉致汽车金融有限公司	2015	上海	13043
138	鸿点（深圳）融资租赁有限公司	2016	深圳	13043
138	青岛盛世天成融资租赁有限公司	2016	青岛	13043
138	国药控股（中国）融资租赁有限公司	2015	上海	13043
139	中金高盛（天津）融资租赁有限公司	2011	天津	13000
139	现代融资租赁有限公司	2007	上海	13000
139	上海创裕融资租赁有限公司	2015	上海	13000
139	新浓融资租赁（天津）有限公司	2016	天津	13000
140	江苏华新融资租赁有限公司	2015	无锡	12800
141	斗山（中国）融资租赁有限公司	2007	北京	12600
142	广东钰通融资租赁有限公司	2013	广州	12464
142	迈森融资租赁（上海）有限公司	2014	上海	12464
142	广州宝盛融资租赁有限公司	2014	广州	12464
142	深圳前海万通融资租赁有限公司	2014	深圳	12464
142	鼎亿宝银（深圳）融资租赁有限公司	2014	深圳	12464
142	民富融资租赁（上海）有限公司	2015	上海	12464
142	东丰融资租赁（上海）有限公司	2015	上海	12464
142	华晨东亚汽车金融有限公司	2015	上海	12464
142	仁衡融资租赁（上海）有限公司	2015	上海	12464

排名	企业名称	注册时间	注册地	注册资金（万美元）
142	仟丰（中国）融资租赁有限公司	2016	天津	12464
142	广发融资租赁（广东）有限公司	2016	广州	12464
142	瑞隆宏祥融资租赁（深圳）有限公司	2016	深圳	12464
142	仁衡融资租赁（南通）有限公司	2016	南通	12464
143	国际商业机器租赁有限公司	2008	上海	12437
144	山东华恒融资租赁有限公司	2014	烟台	12370
145	金科智创融资租赁有限责任公司	2017	天津	12119
146	中国融资租赁有限公司	1986	大连	12114
147	道生国际融资租赁股份有限公司	2012	北京	12063
148	深圳广银投融资租赁有限公司	2014	深圳	12000
148	上海南霖融资租赁有限公司	2015	上海	12000
148	中博国际融资租赁（深圳）有限公司	2016	深圳	12000
149	万和融资租赁有限公司	2013	青岛	11798
150	吉龙国际融资租赁（天津）有限公司	2011	天津	11600
151	连云港云海融资租赁有限公司	2016	连云港	11500
152	欧亚奥美融资租赁有限公司	2016	天津	11370
153	创世（上海）融资租赁有限公司	2013	上海	11258
154	华物融资租赁（天津）有限公司	2016	天津	11231
155	正道千秋融资租赁有限公司	2016	天津	11144
155	慧通盈实融资租赁有限公司	2016	天津	11144
156	上海摩尔融资租赁有限公司	2015	上海	11130
157	悦达融资租赁有限公司	2012	盐城	11116

排名	企业名称	注册时间	注册地	注册资金（万美元）
158	浙江汇金融资租赁有限公司	2007	杭州	11000
158	海天汇金融资租赁有限公司	2014	天津	11000
158	天贸国际融资租赁有限公司	2015	天津	11000
158	中亚投（深圳）融资租赁有限公司	2015	深圳	11000
159	思科系统（中国）融资租赁有限公司	2007	北京	10990
160	卓旗融资租赁（天津）有限公司	2016	天津	10929
161	深圳前海汇原联行融资租赁有限公司	2015	深圳	10870
162	浙江龙宇融资租赁有限公司	2014	嘉兴	10610
163	山东国志融资租赁有限公司	2016	济南	10600
163	山东国宁融资租赁有限公司	2016	济南	10600
164	江苏东方融资租赁有限公司	2016	盐城	10500
165	泓博融资租赁（上海）有限公司	2013	上海	10400
166	帝力融资租赁（上海）有限公司	2014	上海	10246
167	江苏银业融资租赁有限公司	2010	南通	10166
168	南京国际租赁有限公司	1989	南京	10145
168	上海建滔融资租赁有限公司	2014	上海	10145
169	中泰融鑫（天津）融资租赁有限公司	2017	天津	10000
169	德一融资租赁有限公司	2017	天津	10000
169	亚太融资租赁（天津）有限公司	2017	天津	10000
169	九州环球国际融资租赁（天津）有限公司	2017	天津	10000

排名	企业名称	注册时间	注册地	注册资金（万美元）
169	中鼎国汇国际融资租赁（天津）有限公司	2017	天津	10000
169	天津启迪桑德融资租赁有限公司	2016	天津	10000
169	中龙融资租赁（天津）有限公司	2016	天津	10000
169	太平洋融资租赁（天津）有限公司	2016	天津	10000
169	杜邦中国集团有限公司	1989	深圳	10000
169	日立租赁（中国）有限公司	2005	北京	10000
169	广东资雨泰融资租赁有限公司	2008	广州	10000
169	先锋国际融资租赁有限公司	2009	天津	10000
169	德泰（天津）融资租赁有限公司	2011	天津	10000
169	德尔国际租赁有限责任公司	2011	天津	10000
169	大摩融资租赁（中国）有限公司	2012	武汉	10000
169	蓝辰融资租赁有限公司	2012	天津	10000
169	瀚鸿融资租赁（天津）有限公司	2012	天津	10000
169	富成融资租赁有限公司	2012	上海	10000
169	上海力池融资租赁有限公司	2012	上海	10000
169	银德丰融资租赁有限公司	2012	北京	10000
169	大摩融资租赁（深圳）有限公司	2012	深圳	10000
169	浙江海洋租赁股份有限公司	2012	舟山	10000
169	中创国际融资租赁有限公司	2012	宁波	10000
169	中新能融资租赁有限公司	2013	上海	10000
169	朗润（上海）融资租赁有限公司	2013	上海	10000
169	富邦国际融资租赁有限公司	2013	天津	10000

排名	企业名称	注册时间	注册地	注册资金（万美元）
169	汇众（天津）融资租赁有限公司	2013	天津	10000
169	亚太汇金融资租赁有限公司	2013	天津	10000
169	弘海（天津）国际融资租赁有限公司	2014	天津	10000
169	中油国际融资租赁有限公司	2013	宁波	10000
169	宁波侨汇融资租赁有限公司	2013	宁波	10000
169	华租融资租赁有限责任公司	2012	拉萨	10000
169	江苏润兴融资租赁有限公司	2013	镇江	10000
169	迈石资本融资租赁有限公司	2013	深圳	10000
169	财富共赢融资租赁（深圳）有限公司	2013	深圳	10000
169	深圳胜海融资租赁有限公司	2013	深圳	10000
169	中天恒盛融资租赁有限公司	2014	北京	10000
169	中轨融资租赁有限公司	2014	天津	10000
169	国誉融资租赁有限公司	2014	天津	10000
169	万瑞联合国际融资租赁有限公司	2014	天津	10000
169	卡素（中国）融资租赁有限公司	2014	天津	10000
169	新华联融资租赁有限公司	2014	上海	10000
169	上海正通鼎泽融资租赁有限公司	2014	上海	10000
169	大势融资租赁（上海）有限公司	2014	上海	10000
169	上海鼎融融资租赁有限公司	2014	上海	10000
169	上海信意融资租赁有限责任公司	2014	上海	10000
169	绿地融资租赁有限公司	2014	上海	10000
169	银仁国际融资租赁（中国）有限公司	2014	上海	10000

续表

排名	企业名称	注册时间	注册地	注册资金（万美元）
169	中翎（上海）融资租赁有限公司	2014	上海	10000
169	德徽融资租赁（上海）有限公司	2014	上海	10000
169	坤盛国际融资租赁有限公司	2014	无锡	10000
169	济钢国际融资租赁有限公司	2014	济南	10000
169	广银（山东）融资租赁有限公司	2014	济南	10000
169	安成国际融资租赁有限公司	2014	深圳	10000
169	深圳前海信恒融资租赁有限公司	2014	深圳	10000
169	深圳前海法茂融资租赁有限公司	2014	深圳	10000
169	深圳前海和兆融资租赁有限公司	2014	深圳	10000
169	明润恒通融资租赁有限公司	2014	深圳	10000
169	深圳中金融资租赁有限公司	2014	深圳	10000
169	深圳市光宇鑫融资租赁有限公司	2014	深圳	10000
169	横琴金投国际融资租赁有限公司	2014	珠海	10000
169	广东恒孚融资租赁有限公司	2014	珠海	10000
169	福建海西财富融资租赁有限公司	2014	福州	10000
169	浙江晶科融资租赁有限公司	2014	嘉兴	10000
169	金珂融资租赁有限公司	2014	石家庄	10000
169	广西嘉雅金杰融资租赁有限公司	2014	南宁	10000
169	国泰泛亚国际融资租赁有限公司	2015	天津	10000
169	津川新科（天津）融资租赁有限公司	2015	天津	10000
169	银信恒通融资租赁有限公司	2015	天津	10000
169	渤海联兴融资租赁有限公司	2015	天津	10000

排名	企业名称	注册时间	注册地	注册资金（万美元）
169	华贵国际融资租赁（天津）有限公司	2015	天津	10000
169	捷众普惠国际融资租赁有限公司	2015	天津	10000
169	临宇（天津）融资租赁有限公司	2015	天津	10000
169	天津临港国际融资租赁有限公司	2015	天津	10000
169	东海亚太融资租赁（天津）有限公司	2015	天津	10000
169	融冠融资租赁（天津）有限公司	2015	天津	10000
169	金隅融资租赁有限公司	2015	天津	10000
169	天津金日融资租赁有限公司	2015	天津	10000
169	上合睦邻融资租赁（天津）有限公司	2015	天津	10000
169	奥图融信融资租赁有限公司	2015	天津	10000
169	华夏（天津）融资租赁有限公司	2015	天津	10000
169	多德派国际融资租赁（天津）有限公司	2015	天津	10000
169	上海经晟融资租赁有限公司	2015	上海	10000
169	融享（中国）融资租赁有限公司	2015	上海	10000
169	米袋融资租赁（上海）有限公司	2015	上海	10000
169	上海鑫亿融资租赁有限公司	2015	上海	10000
169	上海宝盛融资租赁有限公司	2015	上海	10000
169	展星国际融资租赁有限公司	2015	上海	10000
169	辰星国际融资租赁（天津）有限公司	2016	天津	10000
169	丞玺融资租赁（上海）有限公司	2015	上海	10000
169	恒汇（上海）融资租赁有限公司	2015	上海	10000
169	安稷融资租赁（上海）有限公司	2015	上海	10000

排名	企业名称	注册时间	注册地	注册资金（万美元）
169	上善若（中国）融资租赁有限公司	2015	上海	10000
169	互加融资租赁（上海）有限公司	2015	上海	10000
169	润昱（上海）融资租赁有限公司	2015	上海	10000
169	上海国腾融资租赁有限公司	2015	上海	10000
169	上元融资租赁（上海）有限公司	2015	上海	10000
169	上海璞丰融资租赁有限公司	2015	上海	10000
169	众元融资租赁（上海）有限公司	2015	上海	10000
169	耀玺融资租赁（上海）有限公司	2015	上海	10000
169	泰印融资租赁（上海）有限公司	2015	上海	10000
169	无量融资租赁（上海）有限公司	2015	上海	10000
169	畅毓（上海）融资租赁有限公司	2015	上海	10000
169	上海新泰洋融资租赁有限公司	2015	上海	10000
169	汇湘融资租赁（上海）有限公司	2015	上海	10000
169	中金汇理融资租赁有限公司	2015	上海	10000
169	慧谷天成融资租赁有限公司	2015	上海	10000
169	上海昱德融资租赁有限公司	2015	上海	10000
169	信易融国际融资租赁有限公司	2015	深圳	10000
169	山钢金控融资租赁（深圳）有限公司	2015	深圳	10000
169	深圳市国行融资租赁有限公司	2015	深圳	10000
169	深圳鲁滨大通融资租赁有限公司	2015	深圳	10000
169	前海中至正（深圳）国际融资租赁有限公司	2015	深圳	10000
169	深圳前海富金融资租赁有限公司	2015	深圳	10000

排名	企业名称	注册时间	注册地	注册资金（万美元）
169	中汇富通融资租赁（深圳）有限责任公司	2015	深圳	10000
169	灏昌融资租赁有限公司	2015	广州	10000
169	粤非融资租赁有限公司	2015	广州	10000
169	湖州融汇嘉恒融资租赁有限公司	2015	湖州	10000
169	多加融资租赁（杭州）有限公司	2015	杭州	10000
169	三合盛隆融资租赁有限公司	2015	烟台	10000
169	广西融资租赁有限公司	2015	南宁	10000
169	辉恒融资租赁（上海）有限公司	2016	上海	10000
169	联重（上海）融资租赁有限公司	2016	上海	10000
169	稳稷融资租赁（上海）有限公司	2016	上海	10000
169	复兴（天津）融资租赁股份有限公司	2016	天津	10000
169	天津桑德融资租赁有限公司	2016	天津	10000
169	中轮国际融资租赁（天津）有限公司	2016	天津	10000
169	盛融（天津）融资租赁有限公司	2016	天津	10000
169	嘉信海粤融资租赁有限公司	2016	天津	10000
169	天使鼎盛（天津）融资租赁有限公司	2016	天津	10000
169	天津光辉奕晟融资租赁有限公司	2016	天津	10000
169	道尚国际融资租赁（天津）有限公司	2016	天津	10000
169	代步融资租赁（中国）股份有限公司	2016	天津	10000
169	禹取融资租赁（天津）有限公司	2016	天津	10000
169	润驰国际融资租赁有限公司	2016	天津	10000
169	民安融资租赁（天津）有限公司	2016	天津	10000

排名	企业名称	注册时间	注册地	注册资金（万美元）
169	国源泰富（天津）融资租赁有限公司	2016	天津	10000
169	弘业国际融资租赁（天津）有限公司	2016	天津	10000
169	富华（天津）融资租赁有限公司	2016	天津	10000
169	前海辉腾融资租赁（深圳）有限公司	2016	深圳	10000
169	中桥国际融资租赁有限公司	2016	深圳	10000
169	中港通达国际融资租赁（深圳）有限公司	2016	深圳	10000
169	深圳市信达融资租赁有限公司	2016	深圳	10000
169	深圳弘鑫融资租赁有限公司	2016	深圳	10000
169	亿盛融资租赁（深圳）有限公司	2016	深圳	10000
169	深圳龙之旅融资租赁有限公司	2016	深圳	10000
169	中盛国际融资租赁（深圳）有限公司	2016	深圳	10000
169	中成融合融资租赁（深圳）有限公司	2016	深圳	10000
169	中投海外融资租赁（深圳）有限公司	2016	深圳	10000
169	嘉信岭南融资租赁有限公司	2016	珠海	10000
169	横琴迈石汇海融资租赁有限公司	2016	珠海	10000
169	鑫海（珠海）融资租赁有限公司	2016	珠海	10000
169	中福融资租赁（镇江）有限公司	2016	镇江	10000
169	中信汇金融资租赁（四川）有限公司	2016	成都	10000
169	无锡金控融资租赁有限公司	2014	无锡	10000
169	丰汇国际融资租赁（深圳）有限公司	2016	深圳	10000
169	斑鸠融资租赁（上海）有限公司	2015	上海	10000
169	中歆国际融资租赁（深圳）有限公司	2016	深圳	10000

排名	企业名称	注册时间	注册地	注册资金（万美元）
170	安徽盛泽融资租赁有限公司	2015	蚌埠	9999
171	东租融资租赁有限责任公司	2012	广州	9998
172	中融宏翔（常州）融资租赁有限公司	2014	常州	9980
172	前海金杰（深圳）融资租赁有限公司	2014	深圳	9980
173	广东粤海融资租赁有限公司	2011	广州	9900
173	杭州金投融资租赁有限公司	2013	杭州	9900
173	大业融资租赁（上海）有限公司	2014	上海	9900
173	华品融资租赁（深圳）有限公司	2016	深圳	9900
174	上海靖云融资租赁有限公司	2015	上海	9855
175	东领融资租赁（上海）有限公司	2015	上海	9800
176	金树融资租赁（天津）有限公司	2014	天津	9762
177	建融信融资租赁（天津）有限公司	2014	天津	9728
178	上海瑞讯融资租赁有限公司	2014	上海	9565
178	上海汇诚融资租赁有限公司	2015	上海	9565
179	珠海富明融资租赁有限公司	2011	珠海	9500
180	上海络银融资租赁有限公司	2015	上海	9420
180	深圳中融能信融资租赁有限公司	2015	深圳	9420
181	浙江嘉欣融资租赁有限公司	2016	嘉兴	9290
182	天津点融融资租赁有限公司	2016	天津	9286
183	泰成融资租赁（上海）有限公司	2015	上海	9130
183	颖悦融资租赁（上海）有限公司	2015	上海	9130
184	广东润银融资租赁有限公司	2015	广州	9104

排名	企业名称	注册时间	注册地	注册资金（万美元）
185	江西中通融资租赁有限公司	2014	南昌	9091
186	天物昌威国际融资租赁股份有限公司	2012	天津	9088
187	中航纽赫融资租赁（上海）有限公司	2014	上海	9063
188	拉赫兰顿融资租赁（中国）有限公司	2005	上海	9000
188	常州丰盛融资租赁有限公司	2013	常州	9000
188	环球泰达融资租赁有限公司	2014	北京	9000
188	和泰国际融资租赁有限公司	2014	广州	9000
188	福建省海创融资租赁有限公司	2014	泉州	9000
189	上海加敬融资租赁有限公司	2014	上海	8986
189	广东粤科融资租赁有限公司	2014	佛山	8986
189	宁波顺博融资租赁有限公司	2014	宁波	8986
190	天津哈兰融资租赁有限公司	2013	天津	8888
191	广州市宇庄融资租赁有限公司	2015	广州	8800
192	广东粤信融资租赁有限公司	2013	广州	8746
193	铁融国际融资租赁（天津）有限责任公司	2017	天津	8727
194	鑫宇国际融资租赁有限公司	2013	上海	8696
194	广东禧成融资租赁有限公司	2013	广州	8696
194	海通恒信融资租赁（上海）有限公司	2014	上海	8696
194	威俐达国际融资租赁有限公司	2014	上海	8696
194	春霖融资租赁（深圳）有限公司	2014	深圳	8696
194	建元资本（中国）融资租赁有限公司	2014	上海	8696

排名	企业名称	注册时间	注册地	注册资金（万美元）
194	中城建（上海）融资租赁有限公司	2014	上海	8696
194	德汇融资租赁有限公司	2014	上海	8696
194	上海马太融资租赁有限公司	2014	上海	8696
194	诚开融资租赁有限公司	2014	上海	8696
194	广州屯建融资租赁有限公司	2014	广州	8696
194	河北中诚信融资租赁有限公司	2014	石家庄	8696
194	中航（北京）融资租赁有限公司	2015	北京	8696
194	惠迪（天津）商务服务有限公司	2015	天津	8696
194	上海明玺融资租赁有限公司	2015	上海	8696
194	众永融资租赁（上海）有限公司	2015	上海	8696
194	宝理融资租赁（上海）有限公司	2015	上海	8696
194	佳信融资租赁（上海）有限公司	2015	上海	8696
194	上海峰瑞融资租赁有限公司	2015	上海	8696
194	上海国辰融资租赁有限公司	2015	上海	8696
194	俊豪融资租赁（上海）有限公司	2015	上海	8696
194	上海融侨融资租赁有限公司	2015	上海	8696
194	安广融资租赁（上海）有限公司	2015	上海	8696
194	上海隆晟融资租赁有限公司	2015	上海	8696
194	上海明穗融资租赁有限公司	2015	上海	8696
194	禾天融资租赁（上海）有限公司	2015	上海	8696
194	皇卜融资租赁（上海）有限公司	2015	上海	8696
194	凯源融资租赁有限公司	2015	上海	8696

排名	企业名称	注册时间	注册地	注册资金（万美元）
194	金杜融资租赁（上海）有限公司	2015	上海	8696
194	上海明卫融资租赁有限公司	2015	上海	8696
194	大盈融资租赁有限公司	2015	上海	8696
194	成飞（上海）融资租赁有限公司	2015	上海	8696
194	上海中驭融资租赁有限公司	2015	上海	8696
194	安实融资租赁有限公司	2015	上海	8696
194	永宝融资租赁有限公司	2015	上海	8696
194	国沣融资租赁有限公司	2015	上海	8696
194	上海捷丰融资租赁有限公司	2015	上海	8696
194	财苑豪德融资租赁有限公司	2015	杭州	8696
194	中合百方融资租赁（杭州）有限公司	2015	杭州	8696
194	万商汇融资租赁有限公司	2015	杭州	8696
194	浙江众荣融资租赁有限公司	2015	金华	8696
194	上海富金鸿瀚融资租赁有限公司	2016	上海	8696
194	上海鸿韵融资租赁有限公司	2016	上海	8696
194	名荣融资租赁（上海）有限公司	2016	上海	8696
194	上海橡子融资租赁有限公司	2016	上海	8696
194	嘉宇国际融资租赁股份有限公司	2016	上海	8696
194	深圳市鸿利融资租赁有限公司	2016	深圳	8696
194	嘉美华融资租赁有限公司	2016	深圳	8696
194	利丰佳业融资租赁（深圳）有限公司	2016	深圳	8696
194	耀腾国际融资租赁有限公司	2015	广州	8696

排名	企业名称	注册时间	注册地	注册资金（万美元）
194	深圳市鼎盛百汇融资租赁有限公司	2015	深圳	8696
194	广东汇丰融资租赁有限公司	2016	广州	8696
195	深圳诺德融资租赁有限公司	2012	深圳	8641
196	港兆资租赁（深圳）有限公司	2016	深圳	8536
197	卡特彼勒（中国）融资租赁有限公司	2004	北京	8500
197	久保田（中国）融资租赁有限公司	2012	上海	8500
197	伟仕（上海）融资租赁有限公司	2015	上海	8500
197	浩睿融资租赁（上海）有限公司	2015	上海	8500
198	广东联合租赁有限公司	2013	广州	8480
199	上海力思融资租赁有限公司	2015	上海	8406
199	上海鹏派融资租赁有限公司	2015	上海	8406
199	苍瀚融资租赁（上海）有限公司	2015	上海	8406
199	中裕金控融资租赁有限公司	2016	上海	8406
199	上海聚团融资租赁有限公司	2016	上海	8406
199	倾荣融资租赁（深圳）有限公司	2016	深圳	8406
200	鸿儒融资租赁（上海）有限公司	2014	上海	8400
201	盛哲融资租赁（上海）有限公司	2014	上海	8300
202	深圳京能融资租赁有限公司	2014	深圳	8251
203	国鼎基业融资租赁有限公司	2015	北京	8200
203	上海万唐融资租赁有限公司	2015	上海	8200
204	亿通融资租赁有限公司	2014	天津	8186
205	天津信诺融资租赁有限公司	2015	天津	8179

排名	企业名称	注册时间	注册地	注册资金（万美元）
206	中福华海融资租赁有限公司	2015	天津	8178
207	天津南车融资租赁有限公司	2014	天津	8151
208	中冶（天津）融资租赁有限公司	2015	天津	8147
209	世航国际融资租赁有限公司	2015	天津	8140
210	连赢融资租赁有限公司	2015	天津	8133
211	中船融资租赁（天津）有限公司	2014	天津	8127
212	中基宝通（天津）融资租赁有限责任公司	2011	天津	8111
212	天津中环融资租赁有限公司	2014	天津	8111
213	中电通商融资租赁有限公司	2014	上海	8110
214	津联（天津）融资租赁有限公司	2014	天津	8107
215	百利融资租赁有限公司	2013	天津	8104
215	中铁中基国际融资租赁有限公司	2014	天津	8104
216	港联融资租赁有限公司	2010	邢台	8103
217	潍坊滨投德普融资租赁有限公司	2016	潍坊	8065
218	国汇万通国际融资租赁（天津）有限公司	2017	天津	8000
218	国翔展达（天津）飞机租赁有限公司	2017	天津	8000
218	康正（天津）融资租赁有限责任公司	2011	天津	8000
218	瑞泽国际融资租赁有限公司	2012	天津	8000
218	长融国际融资租赁有限责任公司	2013	重庆	8000
218	南通贝斯融资租赁有限公司	2013	南通	8000
218	广东屯兴融资租赁有限公司	2014	广州	8000

排名	企业名称	注册时间	注册地	注册资金（万美元）
218	中集前海融资租赁（深圳）有限公司	2014	深圳	8000
218	中睿智慧融资租赁（深圳）有限公司	2014	深圳	8000
218	陕西恒通国际融资租赁有限公司	2014	西安	8000
218	天津众赢融资租赁有限公司	2015	天津	8000
218	上海磊精融资租赁有限公司	2015	上海	8000
218	晶泽融资租赁（上海）有限公司	2015	上海	8000
218	陕鑫融资租赁（上海）有限公司	2015	上海	8000
218	前海三泓融资租赁（深圳）有限公司	2015	深圳	8000
218	深圳前海天弘融资租赁有限公司	2015	深圳	8000
218	安信盈通融资租赁有限公司	2015	广州	8000
218	中资信合（天津）融资租赁有限公司	2016	天津	8000
218	天津中和融资租赁有限公司	2016	天津	8000
218	华汇融资租赁（天津）有限公司	2016	天津	8000
218	汇银万国（深圳）融资租赁有限公司	2016	深圳	8000
218	深圳市前海牛火火融资租赁有限公司	2016	深圳	8000
218	深圳市蕴德丰百年融资租赁有限公司	2016	深圳	8000
218	深圳前海赢通融资租赁有限公司	2016	深圳	8000
218	汉鼎宇佑融资租赁有限公司	2016	舟山	8000
218	北京恒嘉国际融资租赁有限公司	2010	北京	8000
218	上海人人融资租赁有限公司	2015	上海	8000
218	中科浦江融资租赁（深圳）有限公司	2016	深圳	8000

排名	企业名称	注册时间	注册地	注册资金（万美元）
219	青岛国誉融资租赁有限公司	2014	青岛	7998
220	国药集团融资租赁有限公司	2013	北京	7976
221	宏润（上海）融资租赁有限公司	2014	上海	7971
222	安诺久通汽车租赁有限公司	2007	上海	7959
223	连云港智源融资租赁有限公司	2016	连云港	7890
224	中融瑞银融资租赁有限公司	2012	天津	7886
225	中兵融资租赁有限责任公司	2015	天津	7875
226	昊盈融资租赁有限公司	2011	天津	7851
227	中节能（天津）融资租赁有限公司	2014	天津	7817
227	天津唐银融资租赁有限公司	2015	天津	7817
227	宜信（天津）国际融资租赁有限公司	2015	天津	7817
227	天津君和融资租赁有限公司	2016	天津	7817
227	富尔国际融资租赁（天津）有限公司	2016	天津	7817
228	世迪融资租赁（天津）有限公司	2016	天津	7741
229	天津信联融资租赁有限公司	2016	天津	7739
230	西王融资租赁有限公司	2016	深圳	7725
231	天津恒辉融资租赁有限公司	2016	天津	7639
231	奕和汇海国际融资租赁（天津）有限公司	2016	天津	7639
232	西门子财务租赁有限公司	2004	北京	7600
232	天津威康国际融资租赁有限公司	2016	天津	7600
233	江山宝源国际融资租赁有限公司	2014	深圳	7595
234	国本财富融资租赁有限公司	2015	上海	7590

排名	企业名称	注册时间	注册地	注册资金（万美元）
235	聚成励治融资租赁有限公司	2017	天津	7575
235	通汇融国际融资租赁（天津）有限公司	2017	天津	7575
236	津蒙汇金（天津）融资租赁有限公司	2016	天津	7540
236	志远国际融资租赁（天津）有限公司	2016	天津	7540
236	开创国际融资租赁（天津）有限公司	2016	天津	7540
236	天海（天津）融资租赁有限公司	2016	天津	7540
236	华信嘉意融资租赁（天津）有限公司	2016	天津	7540
237	华港国际融资租赁（天津）有限公司	2017	天津	7530
238	紫光融资租赁有限公司	2016	天津	7518
239	三井住友融资租赁（中国）有限公司	1996	广州	7500
239	上海三井住友总合融资租赁有限公司	2015	上海	7500
239	山东国深融资租赁有限公司	2016	济南	7500
239	中豫安银融资租赁（天津）有限公司	2017	天津	7500
240	睿悦融资租赁（天津）有限公司	2016	天津	7488
241	开滦国际融资租赁有限公司	2015	天津	7431
242	吉贡融资租赁（上海）有限公司	2015	上海	7400
243	晋能（天津）融资租赁有限公司	2016	天津	7392
243	合康国际融资租赁有限公司	2016	天津	7392
244	鞍资（天津）融资租赁有限公司	2017	天津	7381
245	冠晨国际融资租赁有限公司	2015	天津	7285
245	天津国美融资租赁有限公司	2015	天津	7285

排名	企业名称	注册时间	注册地	注册资金（万美元）
246	天鼎融资租赁有限公司	2014	上海	7261
246	中辉瑞盈融资租赁有限公司	2014	上海	7261
247	森工融资租赁（上海）有限公司	2015	上海	7254
247	扬帆融资租赁（天津）有限公司	2017	天津	7254
248	易汇资本（中国）融资租赁有限公司	2010	天津	7250
249	上海鑫融源融资租赁有限公司	2016	上海	7246
249	深圳市前海富港融资租赁有限公司	2015	深圳	7246
249	翔龙融资租赁（北京）有限公司	2008	北京	7246
249	广东富邦融资租赁有限公司	2009	广州	7246
249	成都金控融资租赁有限公司	2010	成都	7246
249	广州银达融资租赁有限公司	2010	广州	7246
249	中润融资租赁（上海）有限公司	2010	上海	7246
249	吉林恒通融资租赁有限公司	2011	长春	7246
249	宝信国际融资租赁有限公司	2011	西安	7246
249	广东同孚融资租赁有限公司	2011	广州	7246
249	上海英晖融资租赁有限公司	2012	上海	7246
249	广东益通融资租赁有限公司	2012	广州	7246
249	广东盈通融资租赁有限公司	2012	广州	7246
249	广东中穗融资租赁有限公司	2012	中山	7246
249	山东东海融资租赁股份有限公司	2012	东营	7246
249	中银鼎盛融资租赁有限责任公司	2013	北京	7246
249	誉高融资租赁有限公司	2013	北京	7246

排名	企业名称	注册时间	注册地	注册资金（万美元）
249	远胜融资租赁（上海）有限公司	2013	上海	7246
249	广东弘晖泰融资租赁有限公司	2013	广州	7246
249	亿博高科（河北）融资租赁有限公司	2013	石家庄	7246
249	中富经纬融资租赁有限公司	2014	北京	7246
249	中能达融资租赁有限公司	2014	北京	7246
249	中浩国际融资租赁有限公司	2014	北京	7246
249	富利融资租赁有限公司	2014	上海	7246
249	翔龙融资租赁（上海）有限公司	2014	上海	7246
249	力帆融资租赁（上海）有限公司	2014	上海	7246
249	上海鑫通融资租赁有限公司	2014	上海	7246
249	上海瑞驰融资租赁有限公司	2014	上海	7246
249	上海大众融资租赁有限公司	2014	上海	7246
249	春秋融资租赁（上海）有限公司	2014	上海	7246
249	上海铁摩融资租赁有限公司	2014	上海	7246
249	瑞辰绿能（上海）融资租赁有限公司	2014	上海	7246
249	世基融资租赁（上海）有限公司	2014	上海	7246
249	上海上合融资租赁有限公司	2014	上海	7246
249	锦玉融资租赁（上海）有限公司	2014	上海	7246
249	统威融资租赁（上海）有限公司	2014	上海	7246
249	上海日升融资租赁有限公司	2014	上海	7246
249	合智融资租赁（上海）有限公司	2014	上海	7246
249	江苏三汇融资租赁有限公司	2014	苏州	7246

排名	企业名称	注册时间	注册地	注册资金（万美元）
249	广州正銮融资租赁有限公司	2014	广州	7246
249	广东大象融资租赁有限公司	2014	广州	7246
249	广州瑞信融资租赁有限公司	2014	广州	7246
249	广东力巨融资租赁有限公司	2014	广州	7246
249	深圳大洋电机融资租赁有限公司	2014	深圳	7246
249	深圳咏圣凌融资租赁有限公司	2014	深圳	7246
249	深圳市中汇世银融资租赁有限公司	2014	深圳	7246
249	重庆两江机器人融资租赁有限公司	2014	重庆	7246
249	正信通宝融资租赁有限公司	2015	北京	7246
249	北江融资租赁（上海）有限公司	2015	上海	7246
249	万江融资租赁（上海）有限公司	2015	上海	7246
249	澄银融资租赁（上海）有限公司	2015	上海	7246
249	上海景泰融资租赁有限公司	2015	上海	7246
249	翰晟融资租赁（上海）有限公司	2015	上海	7246
249	鼎韬融资租赁（上海）有限公司	2015	上海	7246
249	沣融融资租赁（上海）有限公司	2015	上海	7246
249	聚丰融资租赁（上海）有限公司	2015	上海	7246
249	隽实融资租赁（上海）有限公司	2015	上海	7246
249	上海同颐融资租赁有限公司	2015	上海	7246
249	瑞龙桦融资租赁有限公司	2015	上海	7246
249	六合融资租赁（上海）有限公司	2015	上海	7246
249	上海明程融资租赁有限公司	2015	上海	7246

续表

排名	企业名称	注册时间	注册地	注册资金（万美元）
249	创秀融资租赁（上海）有限公司	2015	上海	7246
249	上海聚景融资租赁有限公司	2015	上海	7246
249	同进融资租赁（上海）有限公司	2015	上海	7246
249	圳源（上海）融资租赁有限公司	2015	上海	7246
249	中易（上海）融资租赁有限公司	2015	上海	7246
249	宏硕融资租赁（上海）有限公司	2015	上海	7246
249	辰泰融资租赁（上海）有限公司	2015	上海	7246
249	宝德融资租赁（上海）有限公司	2015	上海	7246
249	震泰融资租赁（上海）有限公司	2015	上海	7246
249	东方日升融资租赁有限公司	2015	上海	7246
249	兴辰融资租赁（上海）有限公司	2015	上海	7246
249	徽熳融资租赁（上海）有限公司	2015	上海	7246
249	联腾融资租赁（上海）有限公司	2015	上海	7246
249	中溢融资租赁（上海）有限公司	2015	上海	7246
249	连横宝融资租赁有限公司	2015	上海	7246
249	新耀融资租赁（上海）有限公司	2015	上海	7246
249	华涔融资租赁有限公司	2015	上海	7246
249	上海领秀融资租赁有限公司	2015	上海	7246
249	上海宜信融资租赁有限公司	2015	上海	7246
249	华夏全通（上海）融资租赁有限公司	2015	上海	7246
249	上海伽京融资租赁有限公司	2015	上海	7246
249	东伊融资租赁（上海）有限公司	2015	上海	7246

排名	企业名称	注册时间	注册地	注册资金（万美元）
249	金巍融资租赁（上海）有限公司	2015	上海	7246
249	日益融资租赁（上海）有限公司	2015	上海	7246
249	远大（上海）融资租赁有限公司	2015	上海	7246
249	铭冠融资租赁（上海）有限公司	2015	上海	7246
249	东信融资租赁（上海）有限公司	2015	上海	7246
249	海杰（中国）融资租赁有限公司	2015	上海	7246
249	上海国厚融资租赁有限公司	2015	上海	7246
249	厚泽融资租赁（上海）有限公司	2015	上海	7246
249	卓宏融资租赁（上海）有限公司	2015	上海	7246
249	弘鑫融资租赁（上海）有限公司	2015	上海	7246
249	川美融资租赁（上海）有限公司	2015	上海	7246
249	上海汇正融资租赁有限公司	2015	上海	7246
249	华金胜业融资租赁（上海）有限公司	2015	上海	7246
249	上海海帆融资租赁有限公司	2015	上海	7246
249	茸宇融资租赁（上海）有限公司	2015	上海	7246
249	封泰融资租赁（上海）有限公司	2015	上海	7246
249	上海普丰融资租赁有限公司	2015	上海	7246
249	上海臣铎融资租赁有限公司	2015	上海	7246
249	高森融资租赁（上海）有限公司	2015	上海	7246
249	焦煤融资租赁有限公司	2015	上海	7246
249	冀信融资租赁（上海）有限公司	2015	上海	7246
249	国宁融资租赁（上海）有限公司	2015	上海	7246

排名	企业名称	注册时间	注册地	注册资金（万美元）
249	上海风林火山融资租赁有限公司	2015	上海	7246
249	上海润沃融资租赁有限公司	2015	上海	7246
249	上海恒通融资租赁有限公司	2015	上海	7246
249	卓信融资租赁（上海）有限公司	2015	上海	7246
249	丰源融资租赁（上海）有限公司	2015	上海	7246
249	上海沃石融资租赁有限公司	2015	上海	7246
249	上海致杰融资租赁有限公司	2015	上海	7246
249	勇创融资租赁（上海）有限公司	2015	上海	7246
249	上海帆茂融资租赁有限公司	2015	上海	7246
249	上海曲祥融资租赁有限公司	2015	上海	7246
249	上海元晟融资租赁有限公司	2015	上海	7246
249	上海豫港融资租赁有限公司	2015	上海	7246
249	航天融资租赁有限公司	2015	上海	7246
249	上海汇科融资租赁有限公司	2015	上海	7246
249	上海东正汽车金融有限责任公司	2015	上海	7246
249	金昍融资租赁（上海）有限公司	2015	上海	7246
249	上海弘祥融资租赁有限公司	2015	上海	7246
249	卓达融资租赁（上海）有限公司	2015	上海	7246
249	上海蓝科融资租赁有限公司	2015	上海	7246
249	深圳市盛屯融资租赁有限公司	2015	深圳	7246
249	深圳惠银国际融资租赁有限公司	2015	深圳	7246
249	深圳市禾盛融资租赁有限公司	2015	深圳	7246

排名	企业名称	注册时间	注册地	注册资金（万美元）
249	深圳创维融资租赁有限公司	2015	深圳	7246
249	摄正融资租赁（深圳）有限公司	2016	深圳	7246
249	正道融资租赁（深圳）有限公司	2015	深圳	7246
249	港中旅国际融资租赁有限公司	2015	深圳	7246
249	中商国能融资租赁有限公司	2015	深圳	7246
249	亚金联融资租赁有限公司	2015	深圳	7246
249	深圳市前海中邦泰融资租赁有限公司	2015	深圳	7246
249	深圳市旭日东升融资租赁有限公司	2015	深圳	7246
249	睿晖融资租赁有限公司	2015	广州	7246
249	广东双开颜融资租赁有限公司	2015	广州	7246
249	广州京卫汇京融资租赁有限公司	2015	广州	7246
249	广州鼎毅佳融资租赁有限公司	2015	广州	7246
249	广东昌仁融资租赁有限公司	2015	广州	7246
249	广东创祥融资租赁有限公司	2015	广州	7246
249	杭州君亮融资租赁有限公司	2015	杭州	7246
249	重庆国兴融资租赁有限公司	2015	重庆	7246
249	仟丰联合融资租赁有限公司	2015	青岛	7246
249	山东豪沃汽车金融有限公司	2015	济南	7246
249	安徽新大地融资租赁有限公司	2015	蚌埠	7246
249	港银融资租赁有限公司	2015	厦门	7246
249	上海鼎馨融资租赁有限公司	2016	上海	7246
249	上海鼎彭融资租赁有限公司	2016	上海	7246

排名	企业名称	注册时间	注册地	注册资金（万美元）
249	银昌（上海）融资租赁有限公司	2016	上海	7246
249	海铭融资租赁（上海）有限公司	2016	上海	7246
249	上海红融融资租赁有限公司	2016	上海	7246
249	上海汇茂融资租赁有限公司	2016	上海	7246
249	上海金图融资租赁有限公司	2016	上海	7246
249	上海广嘉融资租赁有限公司	2016	上海	7246
249	乾度融资租赁（上海）有限公司	2016	上海	7246
249	上海二三四五融资租赁有限公司	2016	上海	7246
249	桂海融资租赁（上海）有限公司	2016	上海	7246
249	东融融资租赁（上海）有限公司	2016	上海	7246
249	国励国际融资租赁有限公司	2016	上海	7246
249	上海荣歆融资租赁有限公司	2016	上海	7246
249	上海聚品融资租赁有限公司	2016	上海	7246
249	俊实融资租赁（上海）有限公司	2016	上海	7246
249	鼎朗融资租赁（上海）有限公司	2016	上海	7246
249	上海金益融资租赁有限公司	2016	上海	7246
249	钰鑫融资租赁（上海）有限公司	2016	上海	7246
249	麦沃融资租赁（上海）有限公司	2016	上海	7246
249	上海信联融资租赁有限公司	2016	上海	7246
249	山鹰（上海）融资租赁有限公司	2016	上海	7246
249	圣骐融资租赁（上海）有限公司	2016	上海	7246
249	优金融资租赁（上海）有限公司	2016	上海	7246

排名	企业名称	注册时间	注册地	注册资金（万美元）
249	意九融资租赁（上海）有限公司	2016	上海	7246
249	上海萍旺融资租赁有限公司	2016	上海	7246
249	庆疆融资租赁（上海）有限公司	2016	上海	7246
249	上海江铜融资租赁有限公司	2016	上海	7246
249	摩大融资租赁（上海）有限公司	2016	上海	7246
249	恒发融资租赁（上海）有限公司	2016	上海	7246
249	百基鸿运融资租赁有限公司	2016	天津	7246
249	广东睿麟融资租赁有限公司	2016	广州	7246
249	广州全融融资租赁有限公司	2016	广州	7246
249	广东粤租融资租赁有限公司	2016	广州	7246
249	广东道华融资租赁有限公司	2016	广州	7246
249	深圳中业融资租赁有限公司	2016	深圳	7246
249	中鑫国际融资租赁（深圳）有限公司	2016	深圳	7246
249	深圳前海桂金融资租赁有限公司	2016	深圳	7246
249	前海晋商国际融资租赁（深圳）有限公司	2016	深圳	7246
249	钱多多融资租赁（深圳）有限公司	2016	深圳	7246
249	顶秀融资租赁（深圳）有限公司	2016	深圳	7246
249	广汇融资租赁（深圳）有限公司	2016	深圳	7246
249	恒通智远融资租赁（深圳）有限公司	2016	深圳	7246
249	国银前海融资租赁（深圳）有限公司	2016	深圳	7246
249	云锡（深圳）融资租赁有限公司	2016	深圳	7246
249	华氏融资租赁（深圳）有限公司	2016	深圳	7246

排名	企业名称	注册时间	注册地	注册资金（万美元）
249	中融万合（深圳）融资租赁有限公司	2016	深圳	7246
249	瑞圣融资租赁（深圳）有限公司	2016	深圳	7246
249	横琴俊来融资租赁有限公司	2016	珠海	7246
249	华翼融资租赁有限公司	2016	珠海	7246
249	瑞盈信融（厦门）融资租赁有限公司	2016	厦门	7246
249	中基汇融资租赁（厦门）有限公司	2016	厦门	7246
249	广星茂航（厦门）融资租赁有限公司	2016	厦门	7246
249	耀福尔（厦门）融资租赁有限公司	2016	厦门	7246
249	漳州市富金鸿瀚融资租赁有限公司	2016	漳州	7246
249	苏州诺金融资租赁有限公司	2016	苏州	7246
249	裕隆汽车金融（中国）有限公司	2016	杭州	7246
249	山东祥达融资租赁有限公司	2016	济南	7246
249	硅谷创展融资租赁有限公司	2016	潍坊	7246
249	重庆盛景鸿阳融资租赁有限公司	2016	重庆	7246
249	河南富国泓信融资租赁有限公司	2016	郑州	7246
249	陕西省水务集团融资租赁有限公司	2016	西安	7246
249	山东威高融资租赁有限公司	2014	威海	7246
249	嘉宝融资租赁（深圳）有限公司	2016	深圳	7246
249	馨富融资租赁（上海）有限公司	2015	上海	7246
249	广州发展融资租赁有限公司	2016	广州	7246
250	青岛天瑞鼎信融资租赁有限公司	2016	青岛	7101
251	中集融资租赁有限公司	2007	深圳	7000

排名	企业名称	注册时间	注册地	注册资金（万美元）
251	佳和融资租赁（天津）有限公司	2017	天津	7000
251	国中融资租赁有限公司	2012	武汉	7000
251	中煤国际租赁有限公司	2012	天津	7000
251	江苏东吴融资租赁有限公司	2012	苏州	7000
251	禄汇融资租赁（上海）有限公司	2016	上海	7000
251	国银金成融资租赁（深圳）有限公司	2016	深圳	7000
251	中铁租赁有限公司	2006	上海	7000
251	康润（深圳）国际融资租赁有限公司	2016	深圳	7000
251	浙江大搜车融资租赁有限公司	2016	杭州	7000
252	车邦融资租赁（深圳）有限公司	2016	深圳	6812
252	河北创联融资租赁有限公司	2008	石家庄	6812
253	泰州广瑞融资租赁有限公司	2015	泰州	6625
254	富合高度（上海）融资租赁有限公司	2015	上海	6600
254	中凡世纪融资租赁（天津）有限公司	2016	天津	6600
254	国铭融资租赁（深圳）有限公司	2016	深圳	6600
255	成都神钢建机融资租赁有限公司	2008	成都	6570
256	东方英丰租赁有限公司	2012	天津	6500
257	新兴际华融资租赁有限公司	2014	天津	6489
258	鑫桥联合融资租赁有限公司	2007	北京	6487
259	银通国际融资租赁股份有限公司	2013	上海	6458
260	锦辰融资租赁（深圳）有限公司	2013	深圳	6433
260	深圳佳力融资租赁有限公司	2016	深圳	6433

排名	企业名称	注册时间	注册地	注册资金（万美元）
260	珠海国金融资租赁有限公司	2015	珠海	6433
261	融信（天津）国际融资租赁有限公司	2015	天津	6373
262	德润融资租赁股份有限公司	2012	天津	6320
263	融众国际融资租赁有限公司	2008	武汉	6300
264	仲信国际租赁有限公司	2012	上海	6287
265	联想融资租赁有限公司	2015	天津	6254
266	江苏省再保融资租赁有限公司	2010	南京	6203
267	华信融资租赁（天津）有限公司	2017	天津	6182
268	荣恒（上海）融资租赁有限公司	2015	上海	6180
269	聚星国际融资租赁（天津）有限公司	2015	天津	6175
270	上海富汇融资租赁股份有限公司	2013	上海	6134
271	方正国际租赁有限公司	2005	北京	6000
271	沃得国际融资租赁有限公司	2009	镇江	6000
271	英吉斯国际融资租赁有限公司	2013	深圳	6000
271	上海金聚融资租赁有限公司	2014	上海	6000
271	美西国际融资租赁有限公司	2014	上海	6000
271	宁波希里林斯环球融资租赁有限公司	2014	宁波	6000
271	智开融资租赁（天津）有限公司	2015	天津	6000
271	中茂华新（天津）融资租赁有限公司	2015	天津	6000
271	上海融衡融资租赁有限公司	2015	上海	6000
271	聚志融资租赁（上海）有限公司	2015	上海	6000
271	上海百豪融资租赁有限公司	2015	上海	6000

排名	企业名称	注册时间	注册地	注册资金（万美元）
271	烽盛融资租赁有限公司	2015	上海	6000
271	上海精睿融资租赁有限公司	2015	上海	6000
271	上海康城融资租赁有限公司	2015	上海	6000
271	上海富团融资租赁有限公司	2015	上海	6000
271	伽顺融资租赁（上海）有限公司	2015	上海	6000
271	国蕴融资租赁（上海）有限公司	2015	上海	6000
271	上海伽图融资租赁有限公司	2015	上海	6000
271	益汇融资租赁（上海）有限公司	2015	上海	6000
271	佳成融资租赁（上海）有限公司	2015	上海	6000
271	上海鄂鑫融资租赁有限公司	2015	上海	6000
271	上海鼎衡盛融资租赁有限公司	2015	上海	6000
271	智融华诚融资租赁有限公司	2015	上海	6000
271	富正源（中国）融资租赁有限公司	2015	上海	6000
271	上海融得融资租赁有限公司	2015	上海	6000
271	睿达融资租赁（上海）有限公司	2015	上海	6000
271	碳租宝（深圳）融资租赁有限公司	2015	深圳	6000
271	深圳前海中港通融资租赁有限公司	2015	深圳	6000
271	惠拓（上海）融资租赁有限公司	2016	上海	6000
271	闪银融资租赁（上海）有限公司	2016	上海	6000
271	鲁宁融资租赁（上海）有限公司	2016	上海	6000
271	智远融资租赁（上海）有限公司	2016	上海	6000
271	鼎睿融资租赁（上海）有限公司	2016	上海	6000

排名	企业名称	注册时间	注册地	注册资金（万美元）
271	中旭融资租赁（天津）有限公司	2016	天津	6000
271	中元汇金融资租赁（天津）有限公司	2016	天津	6000
271	深圳中通融资租赁有限公司	2016	深圳	6000
271	深圳市纵横融通融资租赁有限公司	2016	深圳	6000
271	四通融资租赁（深圳）有限公司	2016	深圳	6000
271	经译融资租赁（深圳）有限公司	2016	深圳	6000
271	王牌融资租赁（深圳）有限公司	2016	深圳	6000
271	倾助融资租赁（深圳）有限公司	2016	深圳	6000
271	昌盛融资租赁（深圳）有限公司	2016	深圳	6000
271	睿智创富国际融资租赁有限公司	2016	深圳	6000
271	隆德融资租赁（启东）有限公司	2016	南通	6000
271	中营（深圳）国际融资租赁有限公司	2016	深圳	6000
271	山海融资租赁有限公司	2013	天津	6000
271	中水开元国际融资租赁有限公司	2014	北京	6000
271	佰信富安融资租赁有限公司	2017	天津	6000
272	光耀汉富（天津）国际融资租赁有限公司	2013	天津	5990
273	福商（天津）融资租赁有限公司	2015	天津	5959
274	华夏恒业（深圳）融资租赁有限公司	2015	深圳	5942
274	国祥金控融资租赁有限公司	2016	深圳	5942
275	道生国际融资租赁（天津）有限公司	2014	天津	5818
276	华魅（中国）融资租赁有限公司	2017	天津	5800
276	深宝（中国）融资租赁有限公司	2017	天津	5800

排名	企业名称	注册时间	注册地	注册资金（万美元）
276	泰耀（中国）融资租赁有限公司	2017	天津	5800
276	凯悦尔（中国）融资租赁有限公司	2017	天津	5800
276	扬伊（中国）融资租赁有限公司	2017	天津	5800
276	联云（中国）融资租赁有限公司	2017	天津	5800
276	莱福特（中国）融资租赁有限公司	2017	天津	5800
276	中鑫汇投（天津）融资租赁有限公司	2017	天津	5800
276	中融创鑫（天津）融资租赁有限公司	2017	天津	5800
276	当然融资租赁（上海）有限公司	2013	上海	5800
276	利星行融资租赁（上海）有限公司	2013	上海	5800
276	凯枫融资租赁（杭州）有限公司	2013	杭州	5800
276	湖南华富源融资租赁有限公司	2013	长沙	5800
276	华夏之星融资租赁有限公司	2015	上海	5800
276	远诚国际融资租赁有限公司	2016	上海	5800
276	华夏锦程融资租赁有限公司	2016	上海	5800
276	鑫融天下融资租赁（中国）有限公司	2016	天津	5800
276	中融信达（中国）融资租赁有限公司	2016	天津	5800
276	新御福（中国）融资租赁有限公司	2016	天津	5800
276	金值（中国）融资租赁有限公司	2016	天津	5800
277	致杰国际融资租赁有限公司	2011	广州	5797
277	华科融资租赁有限公司	2013	重庆	5797
277	中经华澳融资租赁有限公司	2014	北京	5797
277	山东鲁西融资租赁有限公司	2014	聊城	5797

排名	企业名称	注册时间	注册地	注册资金（万美元）
277	重庆国金瑞元融资租赁有限公司	2014	重庆	5797
277	和昆融资租赁（上海）有限公司	2015	上海	5797
277	星政融资租赁（上海）有限公司	2015	上海	5797
277	上海永军融资租赁有限公司	2015	上海	5797
277	上海京升融资租赁有限公司	2015	上海	5797
277	兆宸融资租赁（上海）有限公司	2015	上海	5797
277	上海德盛园融资租赁有限公司	2015	上海	5797
277	财裕融资租赁（上海）有限公司	2015	上海	5797
277	海融融资租赁（上海）有限公司	2015	上海	5797
277	银鑫融资租赁（深圳）有限公司	2015	深圳	5797
277	重庆新能源汽车融资租赁有限公司	2015	重庆	5797
277	燕鸟融资租赁（上海）有限公司	2016	上海	5797
277	凯京融资租赁（上海）有限公司	2016	上海	5797
277	中豪融资租赁（上海）有限公司	2015	上海	5797
277	广州臻圆融资租赁有限公司	2016	广州	5797
277	广州笛科融资租赁有限公司	2016	广州	5797
277	中飞融资租赁（深圳）有限公司	2016	深圳	5797
277	深圳比亚迪国际融资租赁有限公司	2014	深圳	5797
277	平煤神马融资租赁有限公司	2014	上海	5797
278	法兴（上海）融资租赁有限公司	2005	上海	5770
279	北京京城国际融资租赁有限公司	2010	北京	5749
280	锡玛（上海）融资租赁有限公司	2015	上海	5643

排名	企业名称	注册时间	注册地	注册资金（万美元）
281	华夏盛世融资租赁有限公司	2015	上海	5600
281	丰华融资租赁（深圳）有限公司	2016	深圳	5600
281	金元宝融资租赁（深圳）有限公司	2016	深圳	5600
282	欧银国际融资租赁（深圳）有限公司	2016	深圳	5588
283	中合盟达融资租赁有限公司	2012	天津	5525
284	晟通国际融资租赁有限公司	2014	深圳	5509
285	普洛斯融资租赁（上海）有限公司	2014	上海	5507
285	上海联源融资租赁有限公司	2015	上海	5507
286	安信源融资租赁（中国）有限公司	2017	天津	5500
286	华创鑫融资租赁（中国）有限公司	2017	天津	5500
286	金利博融资租赁（中国）有限公司	2017	天津	5500
286	美联信金融租赁有限公司	1998	上海	5500
286	三菱日联融资租赁（中国）有限公司	2008	上海	5500
286	和信国际融资租赁有限公司	2014	上海	5500
286	汇融天下融资租赁有限公司	2015	上海	5500
287	北京亦庄国际融资租赁有限公司	2013	北京	5479
288	佑美融资租赁（中国）有限公司	2016	天津	5419
289	佰仟亿融资租赁有限公司	2015	天津	5400
290	瑞信国际融资租赁有限公司	2016	上海	5362
291	卫鼎融资租赁有限公司	2014	郑州	5217
291	大泽行融资租赁（上海）有限公司	2015	上海	5217
291	信联国际融资租赁（深圳）有限公司	2016	深圳	5217

排名	企业名称	注册时间	注册地	注册资金（万美元）
292	东葵融资租赁（上海）有限公司	2014	上海	5130
293	上海誉恒融资租赁有限公司	2015	上海	5072
293	鑫亚融资租赁（上海）有限公司	2016	上海	5072
293	尚喜融资租赁（上海）有限公司	2016	上海	5072
293	中机国能融资租赁有限公司	2014	天津	5072
293	湖北圆融融资租赁有限公司	2013	武汉	5072
294	宜讯融资租赁（上海）有限公司	2015	上海	5043
295	江苏金茂融资租赁有限公司	2012	苏州	5024
296	国祥吉瑞融资租赁（深圳）有限公司	2016	深圳	5001
297	华彬国际租赁有限公司	2008	北京	5000
297	金美融资租赁有限公司	2010	北京	5000
297	佛罗伦（天津）融资租赁有限公司	2010	天津	5000
297	信都国际租赁有限公司	2010	上海	5000
297	大连华汇融资租赁有限公司	2010	大连	5000
297	大连瑞昌融资租赁有限公司	2011	大连	5000
297	西尔融资租赁（天津）有限公司	2011	天津	5000
297	恒宇（上海）融资租赁有限公司	2011	上海	5000
297	湖北融陛融资租赁有限公司	2012	武汉	5000
297	中康国际融资租赁有限公司	2012	天津	5000
297	汇鑫国际融资租赁有限公司	2012	天津	5000
297	锦绣前程（天津）融资租赁有限公司	2012	天津	5000
297	粤融国际租赁有限公司	2012	天津	5000

排名	企业名称	注册时间	注册地	注册资金（万美元）
297	乾元融资租赁有限公司	2012	上海	5000
297	上海宏泰融资租赁有限公司	2012	上海	5000
297	八达通融资租赁有限公司	2012	上海	5000
297	宁波东海融资租赁有限公司	2012	宁波	5000
297	浙江通商融资租赁有限公司	2012	宁波	5000
297	北京中港锦源融资租赁有限公司	2013	北京	5000
297	北京正方融资租赁有限公司	2013	北京	5000
297	上海同丰洲际融资租赁有限公司	2013	上海	5000
297	中铭融资租赁（上海）有限公司	2013	上海	5000
297	高航融资租赁（上海）有限公司	2013	上海	5000
297	中智信融资租赁有限公司	2013	天津	5000
297	中工（天津）融资租赁有限公司	2013	天津	5000
297	京金国际融资租赁有限公司	2013	天津	5000
297	华惠融资租赁有限公司	2013	天津	5000
297	瑞和（天津）融资租赁有限公司	2013	天津	5000
297	骏翔（天津）融资租赁有限公司	2013	天津	5000
297	永鑫融资租赁有限公司	2013	天津	5000
297	荣联国际融资租赁有限公司	2013	天津	5000
297	开元国际融资租赁有限公司	2013	天津	5000
297	海高国际融资租赁有限责任公司	2013	重庆	5000
297	浙江杭钢融资租赁有限公司	2013	杭州	5000
297	杉杉恒盛融资租赁有限责任公司	2013	宁波	5000

排名	企业名称	注册时间	注册地	注册资金（万美元）
297	汇融国际融资租赁有限公司	2013	宁波	5000
297	山东嘉会新天融资租赁有限公司	2013	济南	5000
297	山东科瑞融资租赁有限公司	2013	东营	5000
297	山东泰然融资租赁有限公司	2013	东营	5000
297	光大控股（青岛）融资租赁有限公司	2013	青岛	5000
297	南洋融资租赁（山东）有限公司	2013	青岛	5000
297	中润鸿基（大连）融资租赁有限公司	2013	大连	5000
297	鼎晖宝玉融资租赁（大连）有限公司	2013	大连	5000
297	苏商融资租赁有限公司	2013	苏州	5000
297	苏州江汇融资租赁有限公司	2013	苏州	5000
297	江苏万盈融资租赁有限公司	2013	苏州	5000
297	普得融资租赁（苏州）有限公司	2013	苏州	5000
297	广东高和融资租赁有限公司	2013	广州	5000
297	深圳锦城祥融资租赁有限公司	2013	深圳	5000
297	前海宝润（深圳）融资租赁有限公司	2013	深圳	5000
297	深圳市前海益华多宝融资租赁有限公司	2013	深圳	5000
297	福建海高融资租赁有限责任公司	2013	福州	5000
297	关天国际融资租赁有限公司	2013	西安	5000
297	河南恒立信融资租赁有限公司	2013	郑州	5000
297	湖北鲁银融资租赁有限公司	2013	武汉	5000
297	湖南鲁银融资租赁有限公司	2013	长沙	5000
297	中坤国际融资租赁有限公司	2014	北京	5000

排名	企业名称	注册时间	注册地	注册资金（万美元）
297	善信融资租赁有限公司	2014	北京	5000
297	天津利德旺融资租赁有限责任公司	2014	天津	5000
297	中新能融资租赁（天津）有限公司	2014	天津	5000
297	国润融资租赁有限公司	2014	天津	5000
297	嘉创融资租赁有限公司	2014	天津	5000
297	天津盛业融资租赁有限公司	2014	天津	5000
297	天津拜尔融资租赁有限责任公司	2014	天津	5000
297	银信国际融资租赁有限公司	2014	天津	5000
297	中世融资租赁有限公司	2014	天津	5000
297	迈石汇金融资租赁有限公司	2014	天津	5000
297	悦恒国际融资租赁（天津）有限公司	2014	天津	5000
297	兰亭融资租赁有限公司	2014	天津	5000
297	瑞通融金（天津）融资租赁有限公司	2014	天津	5000
297	中兴财富融资租赁有限公司	2014	天津	5000
297	天津聚通融资租赁有限公司	2014	天津	5000
297	金弘国际融资租赁（中国）有限公司	2014	天津	5000
297	华银易通融资租赁有限公司	2014	天津	5000
297	金林源融资租赁（上海）有限公司	2014	上海	5000
297	正瓴融资租赁（上海）有限公司	2014	上海	5000
297	康维廉融资租赁有限公司	2014	上海	5000
297	上海华仪融资租赁有限公司	2014	上海	5000
297	上海景元融资租赁有限公司	2014	上海	5000

排名	企业名称	注册时间	注册地	注册资金（万美元）
297	光大融资租赁（上海）有限公司	2014	上海	5000
297	盛泽融资租赁有限公司	2014	上海	5000
297	上海融恒融资租赁有限公司	2014	上海	5000
297	上海卓昂融资租赁有限公司	2014	上海	5000
297	宝利达融资租赁（上海）有限公司	2014	上海	5000
297	淮鑫融资租赁有限公司	2014	上海	5000
297	东盛（上海）融资租赁有限公司	2014	上海	5000
297	上海均和融资租赁有限公司	2014	上海	5000
297	上海海晴融资租赁有限公司	2014	上海	5000
297	景程文旅融资租赁有限公司	2014	上海	5000
297	上海巨晟融资租赁有限公司	2014	上海	5000
297	吉融通合融资租赁有限公司	2014	上海	5000
297	上海融开融资租赁有限公司	2014	上海	5000
297	上海永信融资租赁有限公司	2014	上海	5000
297	卓郎融资租赁有限公司	2014	上海	5000
297	檀力融资租赁（上海）有限公司	2014	上海	5000
297	方正中鸿（上海）融资租赁有限公司	2014	上海	5000
297	众合融资租赁（上海）有限公司	2014	上海	5000
297	江苏鑫润融资租赁有限公司	2014	南京	5000
297	山东泉泰融资租赁有限公司	2014	济南	5000
297	青海高和融资租赁有限公司	2014	西宁	5000
297	广东和信融资租赁有限公司	2014	广州	5000

排名	企业名称	注册时间	注册地	注册资金（万美元）
297	广东腾信融资租赁有限公司	2014	广州	5000
297	国合源融资租赁有限公司	2014	深圳	5000
297	深圳市前海大于融资租赁有限公司	2014	深圳	5000
297	中东融资租赁有限公司	2014	深圳	5000
297	安鹏国际融资租赁（深圳）有限公司	2014	深圳	5000
297	东瑞国际融资租赁有限公司	2014	深圳	5000
297	深圳市前海通途融资租赁有限公司	2014	深圳	5000
297	深圳前海众薪博光国际融资租赁有限公司	2014	深圳	5000
297	深圳市融博融资租赁有限公司	2014	深圳	5000
297	全通融资租赁（深圳）有限公司	2014	深圳	5000
297	仁瑞（深圳）融资租赁有限公司	2014	深圳	5000
297	深圳市前海华富融资租赁有限公司	2014	深圳	5000
297	深圳前海紫石融资租赁有限公司	2014	深圳	5000
297	深圳前海金银联融资租赁有限公司	2014	深圳	5000
297	中科西控（深圳）融资租赁有限公司	2014	深圳	5000
297	深圳京能清洁能源融资租赁有限公司	2014	深圳	5000
297	亚银（珠海）融资租赁有限公司	2014	珠海	5000
297	港德隆（中国）融资租赁有限公司	2014	厦门	5000
297	嘉华融资租赁有限公司	2014	杭州	5000
297	泰源国际融资租赁有限公司	2014	宁波	5000
297	新开融资租赁有限公司	2014	廊坊	5000

排名	企业名称	注册时间	注册地	注册资金（万美元）
297	光华融资租赁（大连）有限公司	2014	大连	5000
297	大连融玖融资租赁有限公司	2014	大连	5000
297	中安汇银融资租赁（大连）有限公司	2014	大连	5000
297	大连九鼎融资租赁有限公司	2014	大连	5000
297	黑龙江华创港投融资租赁有限公司	2014	哈尔滨	5000
297	江西鲁银融资租赁有限公司	2014	南昌	5000
297	贵州高和融资租赁有限公司	2014	贵阳	5000
297	沣腾国际融资租赁有限责任公司	2014	成都	5000
297	云南汉能信远融资租赁有限公司	2014	昆明	5000
297	北京中投国联融资租赁有限公司	2015	北京	5000
297	中和融信融资租赁有限公司	2015	北京	5000
297	国韬融资租赁有限公司	2015	北京	5000
297	北京恒昌融资租赁有限公司	2015	北京	5000
297	艾诺（天津）融资租赁有限公司	2015	天津	5000
297	中瑞金通融资租赁有限公司	2015	天津	5000
297	宝缘（天津）融资租赁有限公司	2015	天津	5000
297	巨银（天津）融资租赁有限公司	2015	天津	5000
297	中交天运（天津）国际融资租赁有限公司	2015	天津	5000
297	中瑞华银国际融资租赁有限公司	2015	天津	5000
297	中远泰恒（天津）国际融资租赁有限公司	2015	天津	5000
297	中远汇通国际融资租赁有限公司	2015	天津	5000

排名	企业名称	注册时间	注册地	注册资金（万美元）
297	达银融资租赁（天津）有限公司	2015	天津	5000
297	惠强（天津）国际融资租赁有限公司	2015	天津	5000
297	金元京津融资租赁有限公司	2015	天津	5000
297	信汇达（天津）融资租赁有限公司	2015	天津	5000
297	大通金控融资租赁（天津）有限公司	2015	天津	5000
297	天津威尔特诺融资租赁有限公司	2015	天津	5000
297	汇金国际融资租赁（天津）有限公司	2015	天津	5000
297	中信融通融资租赁（天津）有限公司	2015	天津	5000
297	天津金晟恒泰融资租赁有限公司	2015	天津	5000
297	中恒泰晟国际融资租赁有限公司	2015	天津	5000
297	中投创亿（天津）融资租赁有限公司	2015	天津	5000
297	天津中聚融资租赁有限公司	2015	天津	5000
297	聚龙国际融资租赁（天津）有限公司	2015	天津	5000
297	天津亚创国际融资租赁有限公司	2015	天津	5000
297	鸿鑫融资租赁（天津）有限公司	2015	天津	5000
297	亚泰联合国际融资租赁（天津）有限公司	2015	天津	5000
297	国京（天津）融资租赁有限公司	2015	天津	5000
297	世纪丝路融资租赁（天津）有限公司	2015	天津	5000
297	中西互通（天津）国际融资租赁有限公司	2015	天津	5000
297	天津荣发汇通融资租赁有限公司	2015	天津	5000
297	华夏亿投国际融资租赁（天津）有限公司	2015	天津	5000

排名	企业名称	注册时间	注册地	注册资金（万美元）
297	汇利盈（中国）融资租赁有限公司	2015	天津	5000
297	中恒汇金（天津）融资租赁有限公司	2015	天津	5000
297	天津汇通恒丰融资租赁有限公司	2015	天津	5000
297	木通融资租赁有限公司	2015	天津	5000
297	环球乐投（天津）国际融资租赁有限公司	2015	天津	5000
297	中耀融融资租赁（天津）有限公司	2015	天津	5000
297	科瑞国际融资租赁（天津）有限公司	2015	天津	5000
297	天津豪泽融资租赁有限责任公司	2015	天津	5000
297	鼎信融资租赁（天津）有限公司	2015	天津	5000
297	国金国际融资租赁（天津）有限公司	2015	天津	5000
297	富兴联合（天津）融资租赁有限公司	2015	天津	5000
297	中融国新（天津）国际融资租赁有限公司	2015	天津	5000
297	悦和国际融资租赁（天津）有限公司	2015	天津	5000
297	信合国际融资租赁（天津）有限公司	2015	天津	5000
297	金象融资租赁有限公司	2015	天津	5000
297	大洋顺国际融资租赁有限公司	2015	天津	5000
297	金朗（天津）融资租赁有限公司	2015	天津	5000
297	天津敏东国际融资租赁有限公司	2015	天津	5000
297	国鑫友圣融资租赁有限公司	2015	上海	5000
297	上海璞诚融资租赁有限公司	2015	上海	5000
297	睿信融资租赁有限公司	2015	上海	5000

排名	企业名称	注册时间	注册地	注册资金（万美元）
297	融之翼（上海）融资租赁有限公司	2015	上海	5000
297	上海瀚辰融资租赁有限公司	2015	上海	5000
297	华夏锦绣融资租赁有限公司	2015	上海	5000
297	和广（上海）融资租赁有限公司	2015	上海	5000
297	旭毅（上海）融资租赁有限公司	2015	上海	5000
297	翔永（上海）融资租赁有限公司	2015	上海	5000
297	国灿融资租赁（上海）有限公司	2015	上海	5000
297	众禾融资租赁（上海）有限公司	2015	上海	5000
297	驭鑫融资租赁（上海）有限公司	2015	上海	5000
297	广兴融资租赁（上海）有限公司	2015	上海	5000
297	凡信融资租赁有限公司	2015	上海	5000
297	祥智（上海）融资租赁有限公司	2015	上海	5000
297	黄鑫融资租赁（上海）有限公司	2015	上海	5000
297	联众融资租赁（上海）有限公司	2015	上海	5000
297	鼎汉融资租赁（上海）有限公司	2015	上海	5000
297	立鼎融资租赁（上海）有限公司	2015	上海	5000
297	国冠融资租赁（上海）有限公司	2015	上海	5000
297	中昌融资租赁（上海）有限公司	2015	上海	5000
297	上海耘林融资租赁有限公司	2015	上海	5000
297	上海代捷融资租赁有限公司	2015	上海	5000
297	上海凯金融资租赁有限公司	2015	上海	5000
297	上海金达莱融资租赁有限公司	2015	上海	5000

排名	企业名称	注册时间	注册地	注册资金（万美元）
297	上海伟台融资租赁有限公司	2015	上海	5000
297	上海宝欣融资租赁有限公司	2015	上海	5000
297	上海荣开融资租赁有限公司	2015	上海	5000
297	上海景民融资租赁有限公司	2015	上海	5000
297	上海途逸融资租赁有限公司	2015	上海	5000
297	伽莱融资租赁（上海）有限公司	2015	上海	5000
297	德仁融资租赁（上海）有限公司	2015	上海	5000
297	银来融资租赁（上海）有限公司	2015	上海	5000
297	正豪（中国）融资租赁有限公司	2015	上海	5000
297	上海襄江融资租赁有限公司	2015	上海	5000
297	上海遍球融资租赁有限公司	2015	上海	5000
297	汇策融资租赁（上海）有限公司	2015	上海	5000
297	上海亿成融资租赁有限公司	2015	上海	5000
297	上海名投融资租赁有限公司	2015	上海	5000
297	国广（上海）融资租赁有限公司	2015	上海	5000
297	上海权横融资租赁有限公司	2015	上海	5000
297	上海振欣融资租赁有限公司	2015	上海	5000
297	中轩（上海）融资租赁有限公司	2015	上海	5000
297	创明融资租赁（上海）有限公司	2015	上海	5000
297	上海富绥融资租赁有限公司	2015	上海	5000
297	汇达融资租赁（上海）有限公司	2015	上海	5000
297	华程（上海）融资租赁有限公司	2015	上海	5000

排名	企业名称	注册时间	注册地	注册资金（万美元）
297	华夏商银融资租赁有限公司	2015	上海	5000
297	上海晶葵融资租赁有限公司	2015	上海	5000
297	上海迪夫融资租赁有限公司	2015	上海	5000
297	华夏鸿运融资租赁有限公司	2015	上海	5000
297	滇北融资租赁（上海）有限公司	2015	上海	5000
297	上海熙邦融资租赁有限公司	2015	上海	5000
297	上海凯格融资租赁有限公司	2015	上海	5000
297	玖亿融资租赁有限公司	2015	上海	5000
297	上海文融融资租赁有限公司	2015	上海	5000
297	上海速锐融资租赁有限公司	2015	上海	5000
297	星源融资租赁（上海）有限公司	2015	上海	5000
297	上海普熙融资租赁有限公司	2015	上海	5000
297	恒奥融资租赁（上海）有限公司	2015	上海	5000
297	聚永融资租赁（上海）有限公司	2015	上海	5000
297	中赁融资租赁有限公司	2015	上海	5000
297	优尼斯融资租赁（上海）有限公司	2015	上海	5000
297	泰瀛（上海）融资租赁有限公司	2015	上海	5000
297	上海班德邦融资租赁有限公司	2015	上海	5000
297	润明融资租赁（中国）有限公司	2015	上海	5000
297	嘉投融资租赁（上海）有限公司	2015	上海	5000
297	通江（上海）融资租赁有限公司	2015	上海	5000
297	上海福晓融资租赁有限公司	2015	上海	5000

排名	企业名称	注册时间	注册地	注册资金（万美元）
297	协利融资租赁（上海）有限公司	2015	上海	5000
297	顶诺融资租赁（上海）有限公司	2015	上海	5000
297	嘉澜融资租赁（上海）有限公司	2015	上海	5000
297	白杉融资租赁（上海）有限公司	2015	上海	5000
297	逢源融资租赁（上海）有限公司	2015	上海	5000
297	鹏源融资租赁（上海）有限公司	2015	上海	5000
297	新御融资租赁（上海）有限公司	2015	上海	5000
297	融元融资租赁（上海）有限公司	2015	上海	5000
297	金拓融资租赁（上海）有限公司	2015	上海	5000
297	上海骏银融资租赁有限公司	2015	上海	5000
297	上佐融资租赁（上海）有限公司	2015	上海	5000
297	信银瑞世（上海）融资租赁有限公司	2015	上海	5000
297	中衡融资租赁（上海）有限公司	2015	上海	5000
297	上海亨赐融资租赁有限公司	2015	上海	5000
297	富瑞达国际融资租赁有限公司	2015	上海	5000
297	上海臣际融资租赁有限公司	2015	上海	5000
297	丰泰和融资租赁（上海）有限公司	2015	上海	5000
297	上海迅迩融资租赁有限公司	2015	上海	5000
297	嘉众融资租赁（上海）有限公司	2015	上海	5000
297	亚司（上海）融资租赁有限公司	2015	上海	5000
297	速嘉融资租赁（上海）有限公司	2015	上海	5000
297	上海橙盈融资租赁有限公司	2015	上海	5000

排名	企业名称	注册时间	注册地	注册资金（万美元）
297	上海宏丰禹辰融资租赁有限公司	2015	上海	5000
297	正拓融资租赁（上海）有限公司	2015	上海	5000
297	豫昌（上海）融资租赁有限公司	2015	上海	5000
297	上海融胜融资租赁有限公司	2015	上海	5000
297	上海天隆融资租赁有限公司	2015	上海	5000
297	上海弘博融资租赁有限公司	2015	上海	5000
297	上海中庚融资租赁有限公司	2015	上海	5000
297	融财融资租赁（上海）有限公司	2015	上海	5000
297	德荷国际融资租赁有限公司	2015	上海	5000
297	上海弘锐融资租赁有限公司	2015	上海	5000
297	京开融资租赁（上海）有限公司	2015	上海	5000
297	上海威高融资租赁有限公司	2015	上海	5000
297	上海合容融资租赁有限公司	2015	上海	5000
297	金诚惠中（上海）融资租赁有限公司	2015	上海	5000
297	宏航融资租赁（上海）有限公司	2015	上海	5000
297	上海万玳融资租赁有限公司	2015	上海	5000
297	财信融资租赁（上海）有限公司	2015	上海	5000
297	信石融资租赁（上海）有限公司	2015	上海	5000
297	深圳富海融资租赁有限公司	2015	深圳	5000
297	深圳市华君融资租赁有限公司	2015	深圳	5000
297	深圳鼎晖融资租赁有限公司	2015	深圳	5000
297	环球汇金融资租赁有限公司	2015	深圳	5000

排名	企业名称	注册时间	注册地	注册资金（万美元）
297	深圳前海中融国际融资租赁有限公司	2015	深圳	5000
297	中贯融资租赁（深圳）有限公司	2015	深圳	5000
297	深圳东方富通融资租赁有限公司	2015	深圳	5000
297	华源国际融资租赁（深圳）有限公司	2015	深圳	5000
297	升隆融资租赁（深圳）有限公司	2015	深圳	5000
297	前海中润（深圳）融资租赁有限公司	2015	深圳	5000
297	前海中创（深圳）融资租赁有限公司	2015	深圳	5000
297	广州市深兴融资租赁有限公司	2015	广州	5000
297	广州市全通融资租赁有限公司	2015	广州	5000
297	富嘉融资租赁有限公司	2015	南通	5000
297	南通海川融资租赁有限公司	2015	南通	5000
297	亚投融资租赁（舟山）有限公司	2015	舟山	5000
297	庆成（杭州）融资租赁有限公司	2015	杭州	5000
297	嘉金国际融资租赁有限公司	2015	嘉兴	5000
297	嘉兴卓信融资租赁有限公司	2015	嘉兴	5000
297	国诚融资租赁（浙江）有限公司	2015	嘉兴	5000
297	扬金融资租赁（中国）有限公司	2015	嘉兴	5000
297	宁波诚享融资租赁有限公司	2015	宁波	5000
297	宁波格瑞融资租赁有限公司	2015	宁波	5000
297	大连华融汇通融资租赁有限公司	2015	大连	5000
297	大连一正融资租赁有限公司	2015	大连	5000
297	佳德惠融资租赁（大连）有限公司	2015	大连	5000

排名	企业名称	注册时间	注册地	注册资金（万美元）
297	重庆鼎千融资租赁有限公司	2015	重庆	5000
297	重庆万泽融资租赁有限公司	2015	重庆	5000
297	青岛元桥融资租赁有限公司	2015	青岛	5000
297	荣创融资租赁（青岛）有限公司	2015	青岛	5000
297	元控国际融资租赁有限公司	2015	青岛	5000
297	青岛七合国际融资租赁有限公司	2015	青岛	5000
297	山东华信融资租赁有限公司	2015	济南	5000
297	国人融资租赁有限责任公司	2015	蚌埠	5000
297	均和（武汉）融资租赁有限公司	2015	武汉	5000
297	富鸿资本（湖南）融资租赁有限公司	2015	长沙	5000
297	弘正利源资本（湖南）融资租赁有限公司	2015	长沙	5000
297	银河朗业国际融资租赁有限公司	2015	福州	5000
297	裕华融资租赁（厦门）有限公司	2015	厦门	5000
297	厦门岚配融资租赁有限公司	2015	厦门	5000
297	厦门京融融资租赁有限公司	2015	厦门	5000
297	均和（厦门）融资租赁有限公司	2015	厦门	5000
297	贵州中团明禹融资租赁有限公司	2015	贵阳	5000
297	云南汇智融资租赁有限公司	2015	昆明	5000
297	智宸融资租赁有限公司	2015	伊犁	5000
297	枫宸融资租赁有限公司	2015	伊犁	5000
297	投融普华（北京）融资租赁有限公司	2016	北京	5000
297	北京劲阳融资租赁有限公司	2016	北京	5000

排名	企业名称	注册时间	注册地	注册资金（万美元）
297	华重融资租赁有限公司	2016	北京	5000
297	北京科奇融资租赁有限公司	2016	北京	5000
297	大盛利成（北京）融资租赁有限公司	2016	北京	5000
297	中唐融资租赁（北京）有限公司	2016	北京	5000
297	奥迅融资租赁（上海）有限公司	2016	上海	5000
297	南洋金控融资租赁有限公司	2016	上海	5000
297	上药桑尼克融资租赁（上海）有限公司	2016	上海	5000
297	玖胤融资租赁（上海）有限公司	2016	上海	5000
297	华汉融资租赁（上海）有限公司	2016	上海	5000
297	瑞泽银融资租赁（上海）有限公司	2016	上海	5000
297	瑞昌融资租赁（上海）有限公司	2016	上海	5000
297	国增（上海）融资租赁有限公司	2016	上海	5000
297	上海尊善融资租赁有限公司	2016	上海	5000
297	金崛融资租赁（上海）有限公司	2016	上海	5000
297	千幻（上海）融资租赁有限公司	2016	上海	5000
297	大库融资租赁（上海）有限公司	2016	上海	5000
297	宝睿德（中国）融资租赁有限公司	2016	上海	5000
297	上海沪梓融资租赁有限公司	2016	上海	5000
297	泰拓融资租赁（上海）有限公司	2016	上海	5000
297	景熙融资租赁（上海）有限公司	2016	上海	5000
297	丰巢融资租赁（上海）有限公司	2016	上海	5000
297	上海虹碧融资租赁有限公司	2016	上海	5000

排名	企业名称	注册时间	注册地	注册资金（万美元）
297	志达融资租赁（上海）有限公司	2016	上海	5000
297	上海岑合融资租赁有限公司	2016	上海	5000
297	瑞恒融资租赁（上海）有限公司	2016	上海	5000
297	智高融资租赁（上海）有限公司	2016	上海	5000
297	苏汽融资租赁（上海）有限公司	2016	上海	5000
297	哲辉融资租赁（上海）有限公司	2016	上海	5000
297	昌淼融资租赁（上海）有限公司	2016	上海	5000
297	上海乾行融资租赁有限公司	2016	上海	5000
297	晟耀盈辉（上海）融资租赁有限公司	2016	上海	5000
297	鼎晟融资租赁有限公司	2016	上海	5000
297	车熊（上海）融资租赁有限公司	2016	上海	5000
297	上海华浣融资租赁有限公司	2016	上海	5000
297	上海连瑞融资租赁有限公司	2016	上海	5000
297	言行国际融资租赁有限公司	2016	上海	5000
297	融卫国际融资租赁有限公司	2016	上海	5000
297	道高（中国）融资租赁有限公司	2016	上海	5000
297	上海至正融资租赁有限公司	2016	上海	5000
297	裕鼎融资租赁有限公司	2016	上海	5000
297	上海国生融资租赁有限公司	2016	上海	5000
297	国新创意融资租赁有限公司	2016	天津	5000
297	鼎盛融资租赁（天津）有限公司	2016	天津	5000
297	伟凡（中国）融资租赁有限公司	2016	天津	5000

排名	企业名称	注册时间	注册地	注册资金（万美元）
297	鼎富甲融资租赁有限公司	2016	天津	5000
297	中盈华投国际融资租赁（天津）有限公司	2016	天津	5000
297	中宇吉程（天津）融资租赁有限公司	2016	天津	5000
297	天津长城基业融资租赁有限公司	2016	天津	5000
297	中邦财富国际融资租赁（天津）有限公司	2016	天津	5000
297	锦源（天津）融资租赁有限公司	2016	天津	5000
297	华企（中国）融资租赁有限公司	2016	天津	5000
297	融诚汇信（天津）国际融资租赁有限公司	2016	天津	5000
297	中太华晟国际融资租赁（天津）有限公司	2016	天津	5000
297	天津中品融资租赁有限公司	2016	天津	5000
297	楷缔（中国）融资租赁有限公司	2016	天津	5000
297	美迪云融资租赁有限公司	2016	天津	5000
297	鼎辉国际融资租赁（天津）有限公司	2016	天津	5000
297	东方国际融资租赁（天津）有限公司	2016	天津	5000
297	中凡融资租赁（天津）有限公司	2016	天津	5000
297	诚和国际融资租赁（天津）有限公司	2016	天津	5000
297	中融国富融资租赁（天津）有限公司	2016	天津	5000
297	中珩葆鼎（天津）国际融资租赁有限公司	2016	天津	5000

排名	企业名称	注册时间	注册地	注册资金（万美元）
297	融鑫达融资租赁（天津）有限公司	2016	天津	5000
297	国通汇达融资租赁有限公司	2016	天津	5000
297	国邦财富国际融资租赁（天津）有限公司	2016	天津	5000
297	鼎鑫（天津）融资租赁有限公司	2016	天津	5000
297	鸿山达融资租赁有限公司	2016	天津	5000
297	阳光环球（中国）融资租赁有限公司	2016	天津	5000
297	天津鸿荣鑫元融资租赁有限公司	2016	天津	5000
297	中联伟业融资租赁（天津）有限公司	2016	天津	5000
297	中远（天津）国际融资租赁有限公司	2016	天津	5000
297	宝瑞祥融资租赁（天津）有限公司	2016	天津	5000
297	兴和国际融资租赁（天津）有限公司	2016	天津	5000
297	环宇宏信融资租赁（天津）有限公司	2016	天津	5000
297	首富国际融资租赁（天津）有限公司	2016	天津	5000
297	力达（中国）融资租赁有限公司	2016	天津	5000
297	如永（天津）融资租赁有限公司	2016	天津	5000
297	天津井众利诚融资租赁有限公司	2016	天津	5000
297	中大国际融资租赁（天津）有限公司	2016	天津	5000
297	世纪之星国际融资租赁（天津）有限公司	2016	天津	5000
297	融邦（天津）融资租赁有限公司	2016	天津	5000
297	中融天下国际融资租赁（天津）有限公司	2016	天津	5000

排名	企业名称	注册时间	注册地	注册资金（万美元）
297	中融亚太国际融资租赁（天津）有限公司	2016	天津	5000
297	中金融通国际融资租赁（天津）有限公司	2016	天津	5000
297	中尊融资租赁（天津）有限公司	2016	天津	5000
297	环球亚泰融资租赁（天津）有限公司	2016	天津	5000
297	麦克斯克融资租赁（中国）有限公司	2016	天津	5000
297	奥创国际融资租赁（天津）有限公司	2016	天津	5000
297	瑞斯融资租赁（天津）有限公司	2016	天津	5000
297	环宇安盛融资租赁（天津）有限公司	2016	天津	5000
297	博涵融资租赁（天津）有限公司	2016	天津	5000
297	皓和信（天津）融资租赁有限公司	2016	天津	5000
297	中瀚融资租赁（天津）有限公司	2016	天津	5000
297	华玺融资租赁（天津）有限公司	2016	天津	5000
297	启创融资租赁（天津）有限公司	2016	天津	5000
297	环宇信达融资租赁（天津）有限公司	2016	天津	5000
297	天津万融融资租赁有限公司	2016	天津	5000
297	天津国宏升泰融资租赁有限公司	2016	天津	5000
297	国华融创融资租赁（天津）有限公司	2016	天津	5000
297	众禾成（天津）融资租赁有限公司	2016	天津	5000
297	中启融资租赁（天津）有限公司	2016	天津	5000
297	天津华信拓达融资租赁有限公司	2016	天津	5000
297	驰聘（中国）融资租赁有限公司	2016	天津	5000

排名	企业名称	注册时间	注册地	注册资金（万美元）
297	创时（中国）融资租赁有限公司	2016	天津	5000
297	中美溢新融资租赁（天津）有限公司	2016	天津	5000
297	中兴诚投（天津）融资租赁有限公司	2016	天津	5000
297	国融恒达融资租赁（天津）有限公司	2016	天津	5000
297	绿色（中国）融资租赁有限公司	2016	天津	5000
297	德信（中国）融资租赁有限公司	2016	天津	5000
297	普惠国际融资租赁（天津）有限公司	2016	天津	5000
297	中天鸿泰融资租赁（天津）有限公司	2016	天津	5000
297	华晨国际融资租赁（天津）有限公司	2016	天津	5000
297	欧亚国际融资租赁（天津）有限公司	2016	天津	5000
297	中启开泰融资租赁（天津）有限公司	2016	天津	5000
297	恒裕众金融资租赁（天津）有限公司	2016	天津	5000
297	中鼎恒通（天津）融资租赁有限公司	2016	天津	5000
297	中盛融控融资租赁（天津）有限公司	2016	天津	5000
297	渣打（天津）融资租赁有限公司	2016	天津	5000
297	小米（天津）融资租赁有限公司	2016	天津	5000
297	华运（天津）融资租赁有限公司	2016	天津	5000
297	森强（天津）融资租赁有限公司	2016	天津	5000
297	中金太安融资租赁（天津）有限公司	2016	天津	5000
297	中发融资租赁（天津）有限公司	2016	天津	5000
297	洲海融资租赁（天津）有限公司	2016	天津	5000
297	中融财富国际（天津）融资租赁有限公司	2016	天津	5000

排名	企业名称	注册时间	注册地	注册资金（万美元）
297	天津鼎业融资租赁有限公司	2016	天津	5000
297	中盛平安融资租赁（天津）有限公司	2016	天津	5000
297	中宝泰能国际融资租赁（天津）有限公司	2016	天津	5000
297	中泰民安融资租赁（天津）有限公司	2016	天津	5000
297	洲泰融资租赁（天津）有限公司	2016	天津	5000
297	中泰启华融资租赁（天津）有限公司	2016	天津	5000
297	中鑫盛业融资租赁（天津）有限公司	2016	天津	5000
297	中宝能国际融资租赁（天津）有限公司	2016	天津	5000
297	国通汇融融资租赁有限公司	2016	天津	5000
297	信为天（中国）融资租赁有限公司	2016	天津	5000
297	洲融融资租赁（天津）有限公司	2016	天津	5000
297	中能融（天津）国际融资租赁有限公司	2016	天津	5000
297	华澳（中国）融资租赁有限公司	2016	天津	5000
297	汇福融资租赁（天津）有限公司	2016	天津	5000
297	中诺（天津）融资租赁有限公司	2016	天津	5000
297	世投融资租赁（天津）有限责任公司	2016	天津	5000
297	博朗国际融资租赁（中国）有限公司	2016	天津	5000
297	国盛国际融资租赁（天津）有限公司	2016	天津	5000
297	中鑫贸盛国际融资租赁有限公司	2016	天津	5000
297	国晟融资租赁（天津）有限公司	2016	天津	5000

排名	企业名称	注册时间	注册地	注册资金（万美元）
297	中世联融资租赁（天津）有限公司	2016	天津	5000
297	华泰融资租赁（天津）有限公司	2016	天津	5000
297	中祺（天津）融资租赁有限公司	2016	天津	5000
297	中融宏泰国际融资租赁（天津）有限公司	2016	天津	5000
297	天津中航盈通融资租赁有限公司	2016	天津	5000
297	天津玖亿融资租赁有限公司	2016	天津	5000
297	北斗融资租赁有限公司	2016	天津	5000
297	中泽盈盛融资租赁（天津）有限公司	2016	天津	5000
297	长怡融资租赁有限公司	2016	天津	5000
297	中创（天津）融资租赁有限公司	2016	天津	5000
297	创威融资租赁（中国）有限公司	2016	天津	5000
297	天津盛慧融通融资租赁有限公司	2016	天津	5000
297	中嵘（天津）融资租赁有限公司	2016	天津	5000
297	中润（天津）融资租赁有限公司	2016	天津	5000
297	中翌（天津）国际融资租赁有限公司	2016	天津	5000
297	中采融资租赁（天津）有限公司	2016	天津	5000
297	弘合通元融资租赁有限公司	2016	天津	5000
297	瑞特科融资租赁（中国）有限公司	2016	天津	5000
297	华冠融资租赁（天津）有限公司	2016	天津	5000
297	融信汇通融资租赁（天津）有限公司	2016	天津	5000
297	广东广海融资租赁有限公司	2016	广州	5000
297	广东悦融融资租赁有限公司	2016	广州	5000

排名	企业名称	注册时间	注册地	注册资金（万美元）
297	广东粤桦融资租赁有限公司	2016	广州	5000
297	深圳欣昊越融资租赁有限公司	2016	深圳	5000
297	深圳湘赢融资租赁有限公司	2016	深圳	5000
297	中隆融资租赁（深圳）有限公司	2016	深圳	5000
297	保净源融资租赁（深圳）有限公司	2016	深圳	5000
297	天启汇金融资租赁（深圳）有限公司	2016	深圳	5000
297	深圳创迈源融资租赁有限公司	2016	深圳	5000
297	深圳湘瀛融资租赁有限公司	2016	深圳	5000
297	金泰融资租赁（深圳）有限公司	2016	深圳	5000
297	中农融资租赁（深圳）有限公司	2016	深圳	5000
297	优加融资租赁（深圳）有限公司	2016	深圳	5000
297	丰泰融资租赁（深圳）有限公司	2016	深圳	5000
297	企发融资租赁（深圳）有限公司	2016	深圳	5000
297	致富融资租赁（深圳）有限公司	2016	深圳	5000
297	中汽国际融资租赁（深圳）有限公司	2016	深圳	5000
297	华远融资租赁（深圳）有限公司	2016	深圳	5000
297	中创鑫汇融资租赁（深圳）有限公司	2016	深圳	5000
297	中瑞国信融资租赁（深圳）有限公司	2016	深圳	5000
297	前海行泰融资租赁（深圳）有限公司	2016	深圳	5000
297	众邦融资租赁（深圳）有限公司	2016	深圳	5000
297	兴诺国际融资租赁有限公司	2016	深圳	5000
297	中瑞祥盛融资租赁（深圳）有限公司	2016	深圳	5000

排名	企业名称	注册时间	注册地	注册资金（万美元）
297	万圣融资租赁（深圳）有限公司	2016	深圳	5000
297	国能融资租赁（深圳）有限公司	2016	深圳	5000
297	联动融资租赁（深圳）有限公司	2016	深圳	5000
297	中嘉融资租赁（深圳）有限公司	2016	深圳	5000
297	国赢融资租赁（深圳）有限公司	2016	深圳	5000
297	深中投融资租赁（深圳）有限公司	2016	深圳	5000
297	远大融资租赁（深圳）有限公司	2016	深圳	5000
297	中顺融资租赁（深圳）有限公司	2016	深圳	5000
297	深圳恒领融资租赁有限公司	2016	深圳	5000
297	深圳国电融资租赁有限公司	2016	深圳	5000
297	丹格斯（中国）融资租赁有限公司	2016	深圳	5000
297	深圳永汇融资租赁有限公司	2016	深圳	5000
297	中南国际融资租赁（深圳）有限公司	2016	深圳	5000
297	中宏基（深圳）融资租赁有限公司	2016	深圳	5000
297	方圆融资租赁（深圳）有限公司	2016	深圳	5000
297	中江融资租赁（深圳）有限公司	2016	深圳	5000
297	深中金融资租赁（深圳）有限公司	2016	深圳	5000
297	鲲鹏国际融资租赁（深圳）有限公司	2016	深圳	5000
297	国励融资租赁（深圳）有限公司	2016	深圳	5000
297	融汇通融资租赁（深圳）有限公司	2016	深圳	5000
297	科思国中融资租赁（深圳）有限公司	2016	深圳	5000
297	巨石融资租赁（深圳）有限公司	2016	深圳	5000

排名	企业名称	注册时间	注册地	注册资金（万美元）
297	深圳新恒泰融资租赁有限公司	2016	深圳	5000
297	三农盛世融资租赁（深圳）有限公司	2016	深圳	5000
297	前海嘉嘉融资租赁（深圳）有限公司	2016	深圳	5000
297	中乾国际融资租赁（深圳）有限公司	2016	深圳	5000
297	优信融资租赁（深圳）有限公司	2016	深圳	5000
297	衡达融资租赁（深圳）有限公司	2016	深圳	5000
297	中保融资租赁（深圳）有限公司	2016	深圳	5000
297	荣信融资租赁（深圳）有限公司	2016	深圳	5000
297	启讯融资租赁（深圳）有限公司	2016	深圳	5000
297	鼎源国际融资租赁（深圳）有限公司	2016	深圳	5000
297	中天国际融资租赁（深圳）有限公司	2016	深圳	5000
297	协和融资租赁（深圳）有限公司	2016	深圳	5000
297	中邦融资租赁（深圳）有限公司	2016	深圳	5000
297	锦邦融资租赁（深圳）有限公司	2016	深圳	5000
297	深圳联中融资租赁有限公司	2016	深圳	5000
297	通皇融资租赁（深圳）有限公司	2016	深圳	5000
297	甲天下融资租赁（深圳）有限公司	2016	深圳	5000
297	先达远东（深圳）融资租赁有限公司	2016	深圳	5000
297	兴隆融资租赁（深圳）有限公司	2016	深圳	5000
297	中恒国际融资租赁（深圳）有限公司	2016	深圳	5000
297	国合融资租赁（深圳）有限公司	2016	深圳	5000
297	富国普惠融资租赁（深圳）有限公司	2016	深圳	5000

排名	企业名称	注册时间	注册地	注册资金（万美元）
297	前海国耀融资租赁（深圳）有限公司	2016	深圳	5000
297	国弘融资租赁（深圳）有限公司	2016	深圳	5000
297	深圳市盛世金丰融资租赁有限公司	2016	深圳	5000
297	中盈国投融资租赁（深圳）有限公司	2016	深圳	5000
297	志得融资租赁（深圳）有限公司	2016	深圳	5000
297	国安融资租赁（深圳）有限公司	2016	深圳	5000
297	微众融资租赁（深圳）有限公司	2016	深圳	5000
297	中能融资租赁（深圳）有限公司	2016	深圳	5000
297	华晨融资租赁（深圳）有限公司	2016	深圳	5000
297	中航国银（深圳）融资租赁有限公司	2016	深圳	5000
297	中汇盛泰（深圳）融资租赁有限公司	2016	深圳	5000
297	小安时代融资租赁（深圳）有限公司	2016	深圳	5000
297	深圳市龙华融资租赁有限公司	2016	深圳	5000
297	宝信融资租赁（深圳）有限公司	2016	深圳	5000
297	中辰国际融资租赁（深圳）有限公司	2016	深圳	5000
297	盛泰融资租赁（深圳）有限公司	2016	深圳	5000
297	深圳南叶领汇融资租赁有限公司	2016	深圳	5000
297	中美融资租赁（深圳）有限公司	2016	深圳	5000
297	中行融资租赁（深圳）有限公司	2016	深圳	5000
297	国锐融资租赁（深圳）有限公司	2016	深圳	5000
297	国鼎融资租赁（深圳）有限公司	2016	深圳	5000
297	中英融资租赁（深圳）有限公司	2016	深圳	5000

排名	企业名称	注册时间	注册地	注册资金（万美元）
297	创达融资租赁（深圳）有限公司	2016	深圳	5000
297	中诚融资租赁（深圳）有限公司	2016	深圳	5000
297	亚行融资租赁（深圳）有限公司	2016	深圳	5000
297	秦海金兴融资租赁（深圳）有限公司	2016	深圳	5000
297	国威国际融资租赁（深圳）有限公司	2016	深圳	5000
297	中俄融资租赁（深圳）有限公司	2016	深圳	5000
297	联合东海融资租赁（深圳）有限公司	2016	深圳	5000
297	华耀鼎泰融资租赁（深圳）有限公司	2016	深圳	5000
297	中锦融资租赁（深圳）有限公司	2016	深圳	5000
297	中庆国际融资租赁（深圳）有限公司	2016	深圳	5000
297	中圳国际融资租赁（深圳）有限公司	2016	深圳	5000
297	中茂融资租赁（深圳）有限公司	2016	深圳	5000
297	中际融资租赁（深圳）有限公司	2016	深圳	5000
297	博雅融资租赁（深圳）有限公司	2016	深圳	5000
297	鸿荣融资租赁（深圳）有限公司	2016	深圳	5000
297	中煌融资租赁（深圳）有限公司	2016	深圳	5000
297	国商融资租赁（深圳）有限公司	2016	深圳	5000
297	骏雄融资租赁（深圳）有限公司	2016	深圳	5000
297	中赢融资租赁（深圳）有限公司	2016	深圳	5000
297	德智融资租赁（深圳）有限公司	2016	深圳	5000
297	中家融资租赁（深圳）有限公司	2016	深圳	5000
297	中谦融资租赁（深圳）有限公司	2016	深圳	5000

排名	企业名称	注册时间	注册地	注册资金（万美元）
297	中天融资租赁（深圳）有限公司	2016	深圳	5000
297	国逸融资租赁（深圳）有限公司	2016	深圳	5000
297	北上广融资租赁（深圳）有限公司	2016	深圳	5000
297	中乾融资租赁（深圳）有限公司	2016	深圳	5000
297	雅昌（中国）融资租赁有限公司	2016	深圳	5000
297	国佳融资租赁（深圳）有限公司	2016	深圳	5000
297	耀辉融资租赁（深圳）有限公司	2016	深圳	5000
297	中铭融资租赁（深圳）有限公司	2016	深圳	5000
297	居间融资租赁（深圳）有限公司	2016	深圳	5000
297	睿书融资租赁（深圳）有限公司	2016	深圳	5000
297	德胜融资租赁（深圳）有限公司	2016	深圳	5000
297	中翔国际融资租赁（深圳）有限公司	2016	深圳	5000
297	国辉融资租赁（深圳）有限公司	2016	深圳	5000
297	中森融资租赁（深圳）有限公司	2016	深圳	5000
297	钜意融资租赁（深圳）有限公司	2016	深圳	5000
297	国鸿国际融资租赁（深圳）有限公司	2016	深圳	5000
297	国租融资租赁（深圳）有限公司	2016	深圳	5000
297	中欣融资租赁（深圳）有限公司	2016	深圳	5000
297	中民国际融资租赁（深圳）有限公司	2016	深圳	5000
297	科美融资租赁（深圳）有限公司	2016	深圳	5000
297	国盛融资租赁（深圳）有限公司	2016	深圳	5000
297	沪集融资租赁（深圳）有限公司	2016	深圳	5000

排名	企业名称	注册时间	注册地	注册资金（万美元）
297	中菲融资租赁（深圳）有限公司	2016	深圳	5000
297	中和国际融资租赁（深圳）有限公司	2016	深圳	5000
297	国玺融资租赁有限公司	2016	深圳	5000
297	中瀚融资租赁（深圳）有限公司	2016	深圳	5000
297	中晟融资租赁（深圳）有限公司	2016	深圳	5000
297	中驹融资租赁（深圳）有限公司	2016	深圳	5000
297	中旭融资租赁（深圳）有限公司	2016	深圳	5000
297	中佳融资租赁（深圳）有限公司	2016	深圳	5000
297	中莘融资租赁（深圳）有限公司	2016	深圳	5000
297	中利融资租赁（深圳）有限公司	2016	深圳	5000
297	中阳融资租赁（深圳）有限公司	2016	深圳	5000
297	中港恒天融资租赁（深圳）有限公司	2016	深圳	5000
297	馨宸国际融资租赁（深圳）有限公司	2016	深圳	5000
297	中融天下（深圳）融资租赁有限公司	2016	深圳	5000
297	金信树融资租赁（深圳）有限公司	2016	深圳	5000
297	矩意融资租赁（深圳）有限公司	2016	深圳	5000
297	国嘉融资租赁（深圳）有限公司	2016	深圳	5000
297	中金创投融资租赁（深圳）有限公司	2016	深圳	5000
297	中商国际融资租赁（深圳）有限公司	2016	深圳	5000
297	中航国际融资租赁（深圳）有限公司	2016	深圳	5000
297	中福融资租赁（深圳）有限公司	2016	深圳	5000
297	中泰财富融资租赁（深圳）有限公司	2016	深圳	5000

排名	企业名称	注册时间	注册地	注册资金（万美元）
297	中易隆融资租赁（深圳）有限公司	2016	深圳	5000
297	中资融资租赁（深圳）有限公司	2016	深圳	5000
297	中惠融资租赁（深圳）有限公司	2016	深圳	5000
297	中亿融资租赁（深圳）有限公司	2016	深圳	5000
297	仟佰亿（深圳）融资租赁有限公司	2016	深圳	5000
297	中凯融资租赁（深圳）有限公司	2016	深圳	5000
297	国启融资租赁（深圳）有限公司	2016	深圳	5000
297	国智融资租赁（深圳）有限公司	2016	深圳	5000
297	国政融资租赁（深圳）有限公司	2016	深圳	5000
297	中鸿融资租赁（深圳）有限公司	2016	深圳	5000
297	中周融资租赁（深圳）有限公司	2016	深圳	5000
297	亿联（中国）融资租赁有限公司	2016	深圳	5000
297	国锦融资租赁（深圳）有限公司	2016	深圳	5000
297	国熙融资租赁（深圳）有限公司	2016	深圳	5000
297	国业融资租赁（深圳）有限公司	2016	深圳	5000
297	中雅融资租赁（深圳）有限公司	2016	深圳	5000
297	中投金融资租赁（深圳）有限公司	2016	深圳	5000
297	友能融资租赁（深圳）有限责任公司	2016	深圳	5000
297	国江国际融资租赁（深圳）有限公司	2016	深圳	5000
297	广金国际融资租赁（深圳）有限公司	2016	深圳	5000
297	中腾国际融资租赁（深圳）有限公司	2016	深圳	5000
297	金道融资租赁有限公司	2016	深圳	5000

排名	企业名称	注册时间	注册地	注册资金（万美元）
297	国晨融资租赁（深圳）有限公司	2016	深圳	5000
297	融联国际融资租赁（深圳）有限公司	2016	深圳	5000
297	凯石融资租赁（深圳）有限公司	2016	深圳	5000
297	汇恒融资租赁（深圳）有限公司	2016	深圳	5000
297	泽航（中国）融资租赁有限公司	2016	深圳	5000
297	中辉融资租赁（深圳）有限公司	2016	深圳	5000
297	中车（深圳）国际融资租赁有限公司	2016	深圳	5000
297	汇富融资租赁（深圳）有限公司	2016	深圳	5000
297	中凌融资租赁（深圳）有限公司	2016	深圳	5000
297	格瑞纳（中国）融资租赁有限公司	2016	深圳	5000
297	向光国际融资租赁（深圳）有限公司	2016	深圳	5000
297	深融信融资租赁（深圳）有限公司	2016	深圳	5000
297	国方融资租赁（深圳）有限公司	2016	深圳	5000
297	中科国际融资租赁（深圳）有限公司	2016	深圳	5000
297	中盈宏融资租赁（深圳）有限公司	2016	深圳	5000
297	中汇天下（深圳）融资租赁有限公司	2016	深圳	5000
297	中梦融资租赁（深圳）有限公司	2016	深圳	5000
297	国行融资租赁（深圳）有限公司	2016	深圳	5000
297	华瑞融资租赁（深圳）有限公司	2016	深圳	5000
297	中祥融资租赁（深圳）有限公司	2016	深圳	5000
297	中经国际融资租赁（深圳）有限公司	2016	深圳	5000
297	中广国际融资租赁（深圳）有限公司	2016	深圳	5000

排名	企业名称	注册时间	注册地	注册资金（万美元）
297	亚盛融资租赁（深圳）有限公司	2016	深圳	5000
297	卓信国际融资租赁（深圳）有限公司	2016	深圳	5000
297	中金玉盈融资租赁（深圳）有限公司	2016	深圳	5000
297	中资国际融资租赁（深圳）有限公司	2016	深圳	5000
297	中晟达国际融资租赁（深圳）有限公司	2016	深圳	5000
297	中琪国际融资租赁（深圳）有限公司	2016	深圳	5000
297	中颖利融资租赁（深圳）有限公司	2016	深圳	5000
297	广赢国际融资租赁（深圳）有限公司	2016	深圳	5000
297	中程国际融资租赁（深圳）有限公司	2016	深圳	5000
297	银航国际融资租赁（深圳）有限公司	2016	深圳	5000
297	国运国际融资租赁（深圳）有限公司	2016	深圳	5000
297	中创国际融资租赁（深圳）有限公司	2016	深圳	5000
297	博维融资租赁（深圳）有限公司	2016	深圳	5000
297	江淮融资租赁（深圳）有限公司	2016	深圳	5000
297	环亚国际融资租赁（深圳）有限公司	2016	深圳	5000
297	中博利华（深圳）融资租赁有限公司	2016	深圳	5000
297	中启国际融资租赁（深圳）有限公司	2016	深圳	5000
297	中臻国际融资租赁（深圳）有限公司	2016	深圳	5000
297	中科建国际融资租赁（深圳）有限公司	2016	深圳	5000
297	中科建融资租赁（深圳）有限公司	2016	深圳	5000
297	湘银国际融资租赁（深圳）有限公司	2016	深圳	5000

排名	企业名称	注册时间	注册地	注册资金（万美元）
297	国达融资租赁（深圳）有限公司	2016	深圳	5000
297	中港深融资租赁（深圳）有限公司	2016	深圳	5000
297	深圳市高新融资租赁有限公司	2016	深圳	5000
297	国森国际融资租赁（深圳）有限公司	2016	深圳	5000
297	中太华信（深圳）融资租赁有限公司	2016	深圳	5000
297	中都国际融资租赁（深圳）有限公司	2016	深圳	5000
297	盟汇信（中国）融资租赁有限公司	2016	深圳	5000
297	悦菲（中国）融资租赁有限公司	2016	深圳	5000
297	首页（中国）融资租赁有限公司	2016	深圳	5000
297	中天铸融资租赁（深圳）有限公司	2016	深圳	5000
297	中权国际融资租赁（深圳）有限公司	2016	深圳	5000
297	国译融资租赁（深圳）有限公司	2016	深圳	5000
297	国丰耀融资租赁（深圳）有限公司	2016	深圳	5000
297	中渝国际融资租赁（深圳）有限公司	2016	深圳	5000
297	华创国际融资租赁（深圳）有限公司	2016	深圳	5000
297	中威融资租赁（深圳）有限公司	2016	深圳	5000
297	天雅融资租赁（深圳）有限公司	2016	深圳	5000
297	中禹国际融资租赁（深圳）有限公司	2016	深圳	5000
297	中宜融资租赁（深圳）有限公司	2016	深圳	5000
297	中庆融资租赁（深圳）有限公司	2016	深圳	5000
297	中汇金国际融资租赁（深圳）有限公司	2016	深圳	5000
297	中泉融资租赁（深圳）有限公司	2016	深圳	5000

排名	企业名称	注册时间	注册地	注册资金（万美元）
297	骏和（深圳）融资租赁有限公司	2016	深圳	5000
297	中建投融资租赁（深圳）有限公司	2016	深圳	5000
297	中京融资租赁有限公司	2016	深圳	5000
297	中天泽融资租赁有限公司	2016	深圳	5000
297	克莱尔（中国）融资租赁有限公司	2016	深圳	5000
297	华富融资租赁（深圳）有限公司	2016	深圳	5000
297	中资华商融资租赁（深圳）有限公司	2016	深圳	5000
297	同泰长盛融资租赁（深圳）有限公司	2016	深圳	5000
297	深圳中轩融资租赁有限公司	2016	深圳	5000
297	国昌盛融资租赁（深圳）有限公司	2016	深圳	5000
297	国信（深圳）国际融资租赁有限公司	2016	深圳	5000
297	邦信融资租赁（深圳）有限公司	2016	深圳	5000
297	国金（深圳）国际融资租赁有限公司	2016	深圳	5000
297	中鑫汇金融资租赁（深圳）有限公司	2016	深圳	5000
297	中金国投融资租赁（深圳）有限公司	2016	深圳	5000
297	亿融邦融资租赁（深圳）有限公司	2016	深圳	5000
297	国耀融资租赁（深圳）有限公司	2016	深圳	5000
297	非凡者（中国）融资租赁有限公司	2016	深圳	5000
297	中融华控融资租赁（深圳）有限公司	2016	深圳	5000
297	佑顺大旺融资租赁（深圳）有限公司	2016	深圳	5000
297	广恒融资租赁（深圳）有限公司	2016	深圳	5000
297	中伟融资租赁（深圳）有限公司	2016	深圳	5000

排名	企业名称	注册时间	注册地	注册资金（万美元）
297	中广发融资租赁（深圳）有限公司	2016	深圳	5000
297	弘毅融资租赁（深圳）有限公司	2016	深圳	5000
297	恒华信融资租赁（深圳）有限公司	2016	深圳	5000
297	中赢宝盛融资租赁（深圳）有限公司	2016	深圳	5000
297	星际融资租赁（深圳）有限公司	2016	深圳	5000
297	华夏鼎泰（厦门）融资租赁有限公司	2016	厦门	5000
297	阜川（厦门）融资租赁有限公司	2016	厦门	5000
297	厦门高时融资租赁有限公司	2016	厦门	5000
297	沃德应达（中国）融资租赁有限公司	2016	厦门	5000
297	赫裕昌（厦门）融资租赁有限公司	2016	厦门	5000
297	奥谷（中国）融资租赁有限公司	2016	厦门	5000
297	中互凯（厦门）融资租赁有限公司	2016	厦门	5000
297	昱致（厦门）融资租赁有限公司	2016	厦门	5000
297	福银联合（厦门）融资租赁有限公司	2016	厦门	5000
297	厦门浦航融资租赁有限公司	2016	厦门	5000
297	国海汇通融资租赁（厦门）有限公司	2016	厦门	5000
297	美好（江苏）融资租赁有限公司	2016	南通	5000
297	中润国盈融资租赁（东台）有限公司	2016	盐城	5000
297	泰兴市智远融资租赁有限公司	2016	泰兴	5000
297	江苏元富融资租赁有限公司	2016	无锡	5000
297	至信融资租赁有限公司	2016	杭州	5000
297	中油融资租赁（杭州）有限公司	2016	杭州	5000

排名	企业名称	注册时间	注册地	注册资金（万美元）
297	宁波梅山保税港区云赋融资租赁有限公司	2016	宁波	5000
297	宁波梅山保税港区亚润融资租赁有限公司	2016	宁波	5000
297	宁波梅山保税港区茂顺融资租赁有限公司	2016	宁波	5000
297	山水融资租赁股份有限公司	2016	丽水	5000
297	山东金华康融资租赁有限公司	2016	济南	5000
297	山东海通鲁惠融资租赁有限公司	2016	济南	5000
297	山东国鲁融资租赁有限公司	2016	济南	5000
297	青岛中恒华信融资租赁有限公司	2016	青岛	5000
297	信美国际融资租赁有限公司	2016	青岛	5000
297	威海富海融资租赁有限公司	2016	威海	5000
297	烟台华英融资租赁有限公司	2016	烟台	5000
297	泰安捷盈融资租赁有限公司	2016	泰安	5000
297	大连旌联融资租赁有限公司	2016	大连	5000
297	大连铭西融资租赁有限公司	2016	大连	5000
297	大连明雍融资租赁有限公司	2016	大连	5000
297	国泓融资租赁（大连）有限公司	2016	大连	5000
297	大连国信源融资租赁有限公司	2016	大连	5000
297	国铧融资租赁（大连）有限公司	2016	大连	5000
297	国隆融资租赁（大连）有限公司	2016	大连	5000
297	中渝国际融资租赁有限公司	2016	重庆	5000

排名	企业名称	注册时间	注册地	注册资金（万美元）
297	天府国际融资租赁有限公司	2016	成都	5000
297	陕西帝豪佰越融资租赁有限公司	2016	西安	5000
297	陕西均达升融资租赁有限公司	2016	西安	5000
297	牡丹江穆悦融资租赁有限公司	2016	牡丹江	5000
297	中恒融资租赁（深圳）有限公司	2016	深圳	5000
297	锦旺融资租赁（深圳）有限公司	2016	深圳	5000
297	启鸿（中国）融资租赁有限公司	2016	深圳	5000
297	亚马逊（中国）融资租赁有限公司	2016	深圳	5000
297	新世纪融资租赁（深圳）有限公司	2016	深圳	5000
297	不忘初心融资租赁（深圳）有限公司	2016	深圳	5000
297	中浦融资租赁（深圳）有限公司	2016	深圳	5000
297	中融国源融资租赁（深圳）有限公司	2016	深圳	5000
297	中亿行融资租赁（深圳）有限公司	2016	深圳	5000
297	国投（深圳）国际融资租赁有限公司	2016	深圳	5000
297	中融国鑫融资租赁（深圳）有限公司	2016	深圳	5000
297	中交国际融资租赁（深圳）有限公司	2016	深圳	5000
297	天使融资租赁（深圳）有限公司	2016	深圳	5000
297	中彩融资租赁（深圳）有限公司	2016	深圳	5000
297	中煜融资租赁（深圳）有限公司	2016	深圳	5000
297	中采融资租赁（深圳）有限公司	2016	深圳	5000
297	中讯融资租赁（深圳）有限公司	2016	深圳	5000
297	众沃融资租赁（深圳）有限公司	2016	深圳	5000

排名	企业名称	注册时间	注册地	注册资金（万美元）
297	国羽融资租赁（深圳）有限公司	2016	深圳	5000
297	鼎腾融资租赁（深圳）有限公司	2016	深圳	5000
297	中金盛世融资租赁（深圳）有限公司	2016	深圳	5000
297	中丰融资租赁（深圳）有限公司	2016	深圳	5000
297	中船融资租赁（深圳）有限公司	2016	深圳	5000
297	国维融资租赁（深圳）有限公司	2016	深圳	5000
297	天地融资租赁（深圳）有限公司	2016	深圳	5000
297	中汇发融资租赁（深圳）有限公司	2016	深圳	5000
297	中麟融资租赁（深圳）有限公司	2016	深圳	5000
297	开元融资租赁（深圳）有限公司	2016	深圳	5000
297	宏祥国际融资租赁有限公司	2016	深圳	5000
297	中旺达融资租赁（深圳）有限公司	2016	深圳	5000
297	中孝融资租赁（深圳）有限公司	2016	深圳	5000
297	国蔚融资租赁（深圳）有限公司	2016	深圳	5000
297	中环联和融资租赁（深圳）有限公司	2016	深圳	5000
297	国新融资租赁（深圳）有限公司	2016	深圳	5000
297	中义融资租赁（深圳）有限公司	2016	深圳	5000
297	中科招商融资租赁（深圳）有限公司	2016	深圳	5000
297	国臻融资租赁（深圳）有限公司	2016	深圳	5000
297	金禾融资租赁有限公司	2016	深圳	5000
297	中融国信融资租赁（深圳）有限公司	2016	深圳	5000
298	亿达国际租赁（天津）有限公司	2010	天津	4999

排名	企业名称	注册时间	注册地	注册资金（万美元）
298	青岛联创汇融资租赁有限公司	2015	青岛	4999
298	青岛黄发量通融资租赁有限公司	2015	青岛	4999
298	霍尔果斯一航融资租赁有限公司	2016	伊犁	4999
299	浙江晟泰融资租赁有限公司	2015	杭州	4998
300	当代融资租赁（杭州）有限公司	2015	杭州	4990

资料来源：中国租赁联盟、联合租赁研发中心、天津滨海融资租赁研究院。

注：1. 外资租赁企业注册资金按美元兑人民币 1:6.9 的平均汇率折算为美元；

2. 名录上的企业系截至 2017 年底登记在册并处运营中的企业；

3. 注册时间指企业获得批准设立或正式开业的时间；

4. 注册地指企业本部的注册地址。

编 后 语

　　《2017 年中国融资租赁业发展报告》由中国租赁联盟、联合租赁研发中心和天津滨海融资租赁研究院组织编写，得到了全国人大、商务部、银监会、国家税务总局、最高人民法院、中国社会科学院、南开大学经济学院、天津商业大学租赁学院、天津财经大学研究生院等部门和院校的许多业内专家的指导与帮助，中国银行业协会金融租赁专业委员会、中国外商投资企业协会租赁业工作委员会、中国国际商会租赁委员会以及北京、上海、浙江、广东、陕西、山东、河南、辽宁、福建等地租赁行业协会和众多租赁企业提供了大量宝贵的资料，编辑部的工作人员付出了大量艰辛的劳动。如果没有他们的指导、帮助和卓有成效的工作，本报告是不可能顺利编写和发布的。在此，编委会特表示诚挚的感谢。

　　需要指出的是，本报告的文件、数据、案例等来源于多个方面，引用时请注明出处并注意核对原始资料。鉴于资料来源所限，本报告中未包括中国港、澳、台地区的相关数据。

　　《2017 年中国融资租赁业发展报告》的著作权属本编委会，版权属南开大学出版社。任何单位或个人未经同意，不得以任何形式转载或再版，引用时请注明出处。

　　本报告的编写和发布是一项艰巨的工作，我们力求将这一工作做好，但由于资料所限和缺乏经验，问题和错误肯定存在，衷心希望业内有关专家和广大读者提出宝贵意见。

编委会

2018 年 4 月于天津